Paris

Paris Larousse

Texte de Jean-Marie Carzou

Librairie Larousse
17, rue du Montparnasse
75006 Paris

secrétariat de rédaction : M. F. Vaudois
direction artistique et mise en pages : F. Longuépée et H. Serres-Cousiné
iconographie : F. Arnault et A. M. Moyse
correction-révision : B. Dauphin, M. Berthet et B. Saint-Jalmes

Sommaire

Depuis un bon moment déjà, l'avion a perdu de la hauteur et commence sa descente.
Vers Orly, vers Roissy-Charles de Gaulle, parfois encore vers Le Bourget, mais qu'importe !
Maintenant, ça y est, il va atterrir, redressez vos fauteuils, éteignez vos cigarettes...,
les roues ont touché le sol et la voix traditionnelle de l'hôtesse revient
pour quelques derniers mots magiques :
« Nous sommes arrivés à Paris. »
Mots magiques assurément, car il suffit de les prononcer,
n'importe où dans le monde,
pour voir s'allumer dans l'œil de votre interlocuteur cette petite flamme révélatrice
qui dit l'amour universel, le rêve ou la nostalgie,
mais surtout la fascination.
Fascination, quel autre mot pour faire exactement écho à ces deux syllabes :

Paris

Le jour se lève... Là-bas, entre les méandres de la Seine, c'est Paris, encore étendu dans la nuit. Et seul émerge cet emblème universellement identifiable : la tour Eiffel. Nous sommes ici à l'ouest, sur les coteaux de Suresnes, mais, partout à la ronde, au nord comme au sud, sa silhouette annonce la ville...

8

PARIS, REINE DU MONDE..., disait entre les deux guerres une rengaine populaire. Paris ! qui sera toujours Paris..., disait une autre. Et il est bien vrai qu'à travers les siècles s'est ainsi fixée une gloire dont on se demande pourquoi elle ne serait pas éternelle. Tout a changé, le monde s'est trouvé d'autres capitales, la France n'est plus ce grand empire partout conquérant, la ville elle-même a beaucoup perdu de son âme. Eh bien ! qu'importe tout cela ! Elle est la reine du monde, cette blonde sans rivale qui a suscité autant de haines que de passions — mais n'est-ce pas justement le signe le plus éclatant du pouvoir absolu qu'elle exerce sur les cœurs et les esprits ? Trois fois en un siècle et demi à peine, et l'on ne fut pas loin d'une quatrième à l'automne 1914, les armées allemandes sont venues jusqu'à cette « Babylone corrompue » — vers laquelle pourtant elles étaient entraînées comme malgré elles. En 1815, comme en 1944, on voulut même la raser, la détruire, qu'elle disparaisse à jamais. Mais comment se guérir d'un mythe, comment extirper de soi la plus formidable des attirances ?

Et c'est ainsi que, depuis des siècles, de manière heureusement plus pacifique, ont continûment déferlé, par milliers, puis par millions, touristes et habitants, les premiers devenant souvent les seconds. Oui, c'est vers cette petite île au tournant d'une rivière sage qu'ils sont tous venus, les provinciaux d'abord, qui constituent l'essentiel de la population parisienne, mais les étrangers aussi pour

Sentinelle des nuits d'été, l'Arc de Triomphe est resté illuminé au cœur de la plaine endormie et paisible.

10 qui la vie ne peut se concevoir sans que l'on soit au moins une fois passé ici. *Ici* où, comme les ricochets de cette île originelle sur l'espace environnant, se sont progressivement accumulés les cercles de quartiers et de monuments, avec pour seul indiscutable signe d'élection ces sept collines sans lesquelles il n'y a pas dans le monde de vraie capitale.

Mais la Reine n'a cure de tout cela, trop occupée qu'elle est à vivre dans l'immense tourbillon de folie qui résulte inéluctablement de cette monstrueuse concentration sur son territoire de l'essentiel des forces vives du pays. Qu'on en juge à ces quelques chiffres : 0,2 % du territoire national, mais 4 % de la population pour une densité urbaine unique au monde (plus de 20 000 habitants en moyenne au kilomètre carré, avec des « pointes » de 50 000 habitants dans les quartiers périphériques !) — et, par voie de conséquence, des pourcentages largement majoritaires, quand il ne s'agit pas de monopoles de fait, dans la répartition des sièges sociaux, des banques, des centres de décision — et, par voie de conséquence encore, la plus fantastique accumulation de moyens de transport, de lieux de travail ou de loisir... Et c'est ainsi que, par millions, gens et voitures occupent, jusqu'aux limites de l'asphyxie, l'espace, rue, bureau, logement, salle de restaurant ou de spectacle, rejoints chaque matin par les foules compactes de tous ceux qui sont venus d'ailleurs, du plus près comme du plus loin, participer à cette célébration permanente de la vie dans ce qui reste, malgré New York, malgré Tokyo, l'incarnation absolue de la Ville.

L'avion, donc, a perdu de la hauteur et se prépare à atterrir. Pour peu qu'il fasse beau et que le commandant de bord y soit disposé, voici le premier cadeau qu'en signe de bienvenue la ville nous offre quand, à deux mille mètres d'altitude, elle se laisse ainsi regarder. À l'aplomb des enceintes successives que constituent aujourd'hui les deux boulevards extérieur et périphérique, tout est

Les arbres et les escaliers évoquent le calme d'une petite ville de province. Mais il s'agit en réalité de Montmartre, avec son funiculaire, unique à Paris, qui transporte les passagers tout en haut de la butte, au pied de la basilique du Sacré-Cœur.

donné de sa densité et de ses richesses : tracé encore clair des grands desseins urbanistiques, tissage si serré des artères, taches des parcs d'un vert familier, mais si rares qu'elles attirent l'œil dans cet ensemble véritablement monumental des bâtiments de tous ordres, et les monuments eux-mêmes, enfin, que l'on peut piquer l'un après l'autre comme autant de phares par avance reconnaissables : la tour Eiffel, l'Arc de triomphe, l'Opéra, les Invalides, le Sacré-Cœur et tant d'autres qui flottent aussi à la surface de cet incroyable conglomérat de pierre dont émerge encore comme un clin d'œil la masse bariolée du centre Pompidou, dernier fleuron de ce monde en perpétuel mouvement. Et, si la nuit est déjà venue, rien n'est perdu pour autant : c'est l'éclatant panorama de la Ville Lumière, pour un instant retrouvée, qui se déroule sous nos yeux en un éblouissant tapis d'ampoules dont l'électricité a fourni les innombrables fils.

Mais renversons le spectacle : vues du sol, ces myriades lumineuses se transforment, pour qui approche par la route,

en une immense lueur orangée visible à vingt kilomètres à la ronde, brasier silencieux emplissant le ciel comme un autre soleil dans la nuit. Au matin, chaque chose reprend sa place et c'est la ville elle-même qui s'offre à nouveau, quand la route, avant de plonger au cœur de la métropole, permet un dernier panorama où, là encore, tout peut s'embrasser d'un coup : le regard traverse les plaines du centre, immuablement parsemées de leurs glorieux trophées, pour rejoindre les hauteurs opposées que surplombent les derniers monuments de la capitale, Sacré-Cœur d'un côté, tour Eiffel de l'autre. Ce fut là, longtemps, le seul chemin d'accès, que tant d'hommes firent à pied,

venus de leur province vendre une force de travail qui ne trouvait déjà plus à s'employer sur place. Fascination plus pesanteur économique de la centralisation : l'engrenage était enclenché. Le jeune homme enfui de sa Genève natale n'y échappe pas lui-même, quand il entreprend pour la première fois de faire la route, en 1741. Et il aura beau, vingt ans plus tard, dire sa déception dans un passage célèbre des *Confessions,* tout le monde aura compris que Rousseau n'est qu'une victime de plus de cette passion d'amour que la ville suscitera toujours...

À notre tour, donc ! Comme le chante le charmant héros de *la Vie parisienne* d'Offenbach, « je serai votre guide dans

Le métro du petit matin... qui s'arrête parfois pour laisser admirer le spectacle du fleuve. Le pont-viaduc de Bir-Hakeim franchit la Seine entre Grenelle et Passy, que l'on voit dans la perspective de ses piliers. Il a été édifié en 1909.

Tels sont les vrais bistrots de Paris : alignement des verres sur les étagères et le long des glaces, rideaux aux ouvertures, clientèle d'habitués installée au comptoir devant le « gros rouge »... ou le pastis. Faudra-t-il bientôt les reconstituer dans des musées ?

Hommage à la Révolution de 1830, la Colonne de la place de la Bastille est surmontée d'un génie qui, à 52 mètres du sol, symbolise « la Liberté qui s'envole en brisant ses fers et en semant la lumière ».

la ville splendide ». Et ce n'est pas là une mince affaire ! Que de choses à voir et à dire sur ces cent cinq kilomètres carrés depuis que deux millénaires d'Histoire ont élargi le domaine de l'île jusqu'à y compter vingt arrondissements et deux grands bois. Au-delà des points de passage obligés, au-delà même des curiosités rebattues, c'est à la rencontre d'une civilisation confondue avec un lieu que nous irons. Il suffit pour cela de suivre les circonvolutions de la ville, inégalement riches peut-être, mais toutes dotées de quelque charme à découvrir : du centre vers la périphérie, de ce cœur où tout est né jusqu'à ces faubourgs des limites où tout continue de changer, en passant d'enceinte en enceinte, de colline en colline, sautant de rêve en rêve parmi les fantaisies d'un fleuve qui semble avoir eu beaucoup de mal à reprendre sa route vers la mer, lui qui ne cesse de tourner et de tourner encore autour de son trésor.

Et puis, quand nous en aurons ainsi fait l'inventaire, il sera bon de jeter un œil, non pas nostalgique mais curieux, sur ces époques où peu à peu, et parfois plus vite, brutalement même, la ville s'est modifiée, transformée, enrichie, pour nous offrir ces contrastes d'architecture, ces voisinages de siècles — et ces reconstructions successives du paysage urbain aujourd'hui oubliées et fondues dans la masse, alors que nous ne voyons se dérouler sous nos yeux que la dernière d'entre elles. Paris qui change, Paris qui vit, avec les traces de ses passés successifs, avec ces convulsions

immobilières qui ne peuvent pas ne pas évoquer les pulsions et les torsions de la vie cellulaire. Mais la vie, toujours la vie..., la vie à laquelle tout ici invite à participer sans cesse : la ville est aussi, nous le savons bien, une fabuleuse Exposition universelle permanente, offrant jour et nuit à voir, bien sûr, mais aussi à boire, à lire, à rire, à manger, à se divertir, à rêver, bref à vivre, dans le plus extraordinaire condensé de richesses de la planète.

Les murailles du Moyen Âge ont disparu, les fortifications des siècles derniers ont été rasées, l'octroi est mort. Plus de barrières, plus de portes ; rien n'arrête la progression du voyageur sur ces larges avenues qui mènent à la Ville : elle est ouverte, non pas pour fait de guerre, mais dans l'heureux climat de la paix, ouverte pour accueillir ses adorateurs. Il suffit d'entrer. ∎

À l'aube, dans une gare de la S.N.C.F.

1

un inventaire
à la parisienne

une île pour berceau

ROIT AU CŒUR..., et même si l'agglomération parisienne ne constitue évidemment pas, dans sa
délimitation définitive, un cercle parfait,
elle en donne néanmoins l'image à qui la
regarde sur une carte. Et, de ce cercle,
l'île de la Cité apparaît, de façon tout
aussi schématisée, le point central. La
chronologie du peuplement de la ville ne
fait d'ailleurs que renforcer cette symbolique de la géométrie, puisque c'est dans
l'île, terre des origines, que s'installèrent
les premiers habitants.

Il était donc une fois..., il y a bien plus
de deux mille ans, quelques-uns de ces
fameux ancêtres de nos vieux manuels
scolaires, chers Gaulois aux yeux bleus.

*Vu du pont du Carrousel, un des
plus admirables paysages de Paris
(PAGE PRÉCÉDENTE) : le navire de la
Cité, proue en avant au milieu du
fleuve, avec la flèche de Notre-
Dame par-dessus le bâtiment que
rattachent à la terre ferme les deux
séries d'arches du Pont-Neuf. Ici,
toutes les lumières du jour composent une vision à l'enchantement
sans cesse renouvelé.*

*Les îles de Paris... À gauche, celle
où naquit la ville : l'île de la Cité,
avec les imposantes constructions
venues du fond du Moyen Âge.*

*Devant Notre-Dame, les tours et les
murs épais de la Conciergerie, qui
forment la façade du Palais de
Justice sur le quai.*

*À droite, loin des gratte-ciel
du Paris contemporain, la sœur
jumelle, l'île Saint-Louis, comme
en prolongement de Notre-Dame,*

amarrée à la poupe avec ses arbres
au bord de l'eau, ses demeures du
XVIIe siècle, sa lumière tranquille
d'oasis pour privilégiés.

qui vivaient là, sur cette île au creux d'un fleuve amical entouré de forêts. La bourgade s'appela Lutèce, puis, comme elle était la cité des *Parisii* (les Romains, quoi qu'en eût Astérix, étaient passés par là, premiers conquérants sans doute eux aussi fascinés), elle prit tout naturellement leur nom et devint... Paris ! Vient le temps des invasions et la ville s'enferme dans son île à l'aide de remparts fortifiés, spécialité gauloise incontestable, ici reprise par les maîtres d'un Empire qui va vers sa chute prochaine. Mais, pour Paris qui n'en est encore qu'à la petite enfance, non seulement ce rempart constitue la première enceinte — et la matrice de tous ces cercles concentriques qui accompagneront son développement — mais, surmontant sur les armoiries de la ville la figure d'un navire, il confirme l'altière audace de sa devise, que rien n'a depuis démentie. Certes, le navire a grandi et jeté ses amarres bien loin du modeste ancrage de ses débuts, mais il flotte toujours et, quelles qu'aient été les épreuves, les convulsions internes ou les tornades étrangères déferlant sur le bâtiment, il s'est effectivement révélé insubmersible : *fluctuat nec mergitur.*

Dans son dessin même, l'île n'at-elle pas d'ailleurs la configuration d'un bateau, allant jusqu'à pousser sa pointe comme une proue exactement dans le sens des eaux du fleuve ! Et si, pour ce voyage aux cent coins de la ville, phase des découvertes et de la présentation, j'ai choisi de parler d'inventaire, il est peu de parts auxquelles ce terme de connaissance s'applique mieux qu'à ce premier navire, tout chargé qu'il est de richesses et de précieuses marchandises, ici amassées sans relâche... et sans crainte de l'impossible naufrage. Pas un pouce de terrain inutilisé, au point qu'il ne nous restera, pour parcourir cette merveilleuse cale à ciel ouvert, que les coursives et quelques chemins parmi les trésors pour aller de l'un à l'autre. Nonobstant quelques compléments et les importantes rénovations de la seconde moitié du XIXe siècle, il y a bien longtemps qu'ils

sont tous en place : le Palais de Justice, avec la Conciergerie et la Sainte-Chapelle ; la place Dauphine ; Notre-Dame, reine incontestée, mais aussi la doyenne de ces lieux qu'elle domine de sa masse incomparable. Liste encore incomplète, puisqu'il faut y ajouter, à l'ombre de la cathédrale, les restes non négligeables de toutes ces anciennes rues où se prolongeaient, où se prolongent toujours la vie et le rayonnement de l'édifice. Sans oublier non plus les vestiges dont s'emplit le sous-sol de l'île et que des fouilles récentes ont ressuscités... et c'est ainsi que, sur toute l'étendue du navire, se joue sans cesse la rencontre immobile des siècles, d'une présence à l'autre, des colons romains jusqu'aux flâneurs d'aujourd'hui.

Mais par où commencer ? Par l'ouest ? Alors, nous abordons au pied de cet imposant ensemble que constitue le Palais de Justice. Imposant, il l'est assurément, puisqu'il étend ses hauts murs lisses d'une rive à l'autre, occupant toute la superficie de cette partie de l'île, débordant même de l'autre côté du bou-

levard qui porte son nom : et l'on peut ainsi voir quotidiennement les avocats en robe sagement arrêtés au bord du trottoir, attendant, piétons peu ordinaires mêlés à la foule anonyme, de pouvoir traverser pour se rendre de l'un à l'autre des tribunaux. Mais, tout imposante que soit cette monumentale construction, c'est *dedans*, en réalité, que se trouvent les véritables monuments, derrière ces hauts murs pour la plupart refaits, derrière même quelques vestiges plus anciens. Certes, les grosses tours qui flanquent la Conciergerie évoquent tout naturellement la première forteresse et le premier palais, royal celui-là, qui furent d'abord ici érigés. Mais les plus beaux trésors sont à l'intérieur, comme cachés à l'abri de l'agitation judiciaire et policière : des cachots si longtemps en usage aux vitraux de la Sainte-Chapelle, dont la flèche réussit à percer la platitude des hautes façades, c'est en effet une superbe promenade qui s'offre à travers tout le Moyen Âge des Capétiens. Et si déjà l'on jette un œil au bout du Palais, voici l'admirable architecture du XVIIe siècle de

Trésors au cœur de la ville. À l'angle du Palais de Justice (CI-CONTRE, À DROITE), l'ancienne tour de l'Horloge s'orne toujours de cette horloge sculptée par l'un des grands artistes de la Renaissance française, Germain Pilon, dans un beau mariage de l'or et de l'azur.

Plus secrète, puisqu'à l'intérieur du Palais, la Sainte-Chapelle, voulue par Saint Louis, offre à un autre mariage de lumière ses centaines de vitraux dont la plupart remontent au XIIIe siècle (CI-DESSOUS). Dehors, l'eau, les arbres et le ciel composent autour de l'île de la Cité un paysage fait pour les artistes et les promeneurs amoureux (PAGE DE GAUCHE).

Voilà bien la reine majestueuse du vieux Paris (PAGE SUIVANTE), encore plus imposante aujourd'hui d'avoir été « libérée » de son environnement originel de vieilles bâtisses et d'étroites rues et de se présenter ainsi dans le large dégagement de son nouveau parvis. Lieu des plus grandes manifestations religieuses de la France, Notre-Dame « n'est pas seulement un édifice, c'est une personne » (Paul Claudel).

la place Dauphine, au bas d'un escalier résolument classique. Et si l'on revient lentement visiter les salles de la Conciergerie, longtemps directement baignées par la Seine, c'est au tour des fantômes sanglants de la Révolution de hanter cette triste cour, ces tristes passages où l'on attendait la mort...

Traversons le boulevard. C'est l'île tout entière, en effet, comme un agrandissement fidèle, et d'autant plus impressionnant, de son Palais, qui rassemble, elle aussi, en un deuxième microcosme, l'ensemble des activités humaines. Ainsi ramassées en un seul lieu, puis en un second plus vaste, puis, etc., c'est toute la ville qui dépliera des structures identiques, recopie inlassable du modèle « lutétien ». Mais les siècles ont permis la diversification des édifices — et puis, rien de tout cela n'est figé dans l'absence

d'un musée à ciel ouvert : les hommes continuent d'y vivre et tout s'y mêle encore, le profane au sacré, le passé au présent, le travail quotidien et la contemplation nostalgique. Le Palais ? On y rend tous les jours la justice, et, sur ses flancs, les célèbres bureaux du quai des Orfèvres, même sans Maigret, ne cessent de s'emplir de témoins, de suspects, de coupables. La Sainte-Chapelle ? On y dit encore la messe, on y fait de la musique ou du théâtre, ainsi d'ailleurs qu'à la Conciergerie.

En face, donc, revoici la Justice, nous l'avons dit, la Police aussi — de ce côté prédominante, moins imposante peut-être et sans surprise à l'intérieur de ses murs, que seules signalent à l'attention les traces de balles d'un sursaut de résistance durant la Libération. La justice, la police... la médecine à présent,

avec l'Hôtel-Dieu, hôpital, centre de consultations, maternité aussi. Le bâtiment, certes, n'a qu'un siècle, mais il est l'héritier authentique — son nom déjà l'atteste — du grand hôpital médiéval où d'autres hommes de l'art tentaient de guérir et de sauver. Que restait-il enfin, au terme de tant d'efforts tous inutiles face à la mort ? Dieu lui-même — et cette fois inscrite dans les pierres : là-bas, la Sainte-Chapelle, ici Notre-Dame, la cathédrale. Et n'avons-nous pas ainsi, en quelques centaines de mètres, l'éternel résumé des civilisations ?

Notre-Dame. Notre-Dame de Paris... héroïne du roman bouillonnant de Victor Hugo qui marqua, dès 1831, la résurrection du gothique, elle l'est assurément — car c'est bien autour d'elle que s'est ordonnée dès le XIIe siècle toute la vie non seulement de l'île, mais de la ville. « Mère » du monde grouillant de la chronique romanesque, elle fut aussi, durant tout ce Moyen Âge, l'initiatrice du développement intellectuel et spirituel de la capitale. Et, une fois encore, c'est une admirable géométrie des symboles que nous voyons à l'œuvre : au cœur de ce vaisseau qu'est l'île au cœur de la ville, Notre-Dame est elle-même un vaisseau, le grand vaisseau médiéval de la foi, doublement au cœur de la capitale puisque

La métropole n'a pas encore dévoré tous les petits métiers. Témoins de cette vie parisienne des anciens temps, le fleuriste ambulant avec sa pittoresque voiturette et les bouquinistes des quais. À l'ombre de Notre-Dame et tout le long de la Seine, du pont Sully au pont du Carrousel, ils sont deux cent vingt et composent, sur l'une ou l'autre rive, cette « bibliothèque en plein air » dont le charme doit bien plus au plaisir de fouiller les piles de livres et de gravures entassées dans les longues boîtes vertes qu'à l'emplette précise d'un ouvrage interdit.

c'est d'ici que partent aujourd'hui encore toutes les mesures de distance. Et l'on peut voir sur les autoroutes des panneaux pour indiquer l'éloignement de *Paris-Notre-Dame.*

Pour que ces deux noms soient ainsi accolés, il aura fallu près de deux siècles d'un immense travail où s'achève toute une tradition de bâtisseurs et de tailleurs de pierre, dont le rayonnement couvre alors l'Europe entière. De la façade au triple portail et à la vaste rose, surmontée de deux larges et hautes tours, jusqu'à l'abside aux audacieux arcs-boutants, en passant par la nef bordée de chapelles et les façades latérales, la conception de l'église est d'un chef-d'œuvre. Mais, soumis aux vicissitudes inévitables du temps et plus encore des hommes, plusieurs fois remanié et même détruit en nombre de ses parties, mutilé et à la limite de

l'abandon avant que de se voir sauvé, mais au prix de transformations souvent déformantes, peut-être ce chef-d'œuvre ne suscite-t-il plus aujourd'hui la même admiration faite d'éblouissement devant l'évidence de l'accomplissement artistique. À nouveau blanche comme elle dut l'être dans les origines, Notre-Dame conserve néanmoins le charme de son site et la force inaltérable de sa légende. Et puis, tant de trésors s'y trouvent encore conservés — outre tableaux, sculptures, vitraux et reliques, n'est-ce pas aussi des trésors que d'écouter le grand orgue, que de gravir les marches des tours, de s'approcher des gargouilles, de contempler à ses pieds l'animation et le dessin de la ville et du fleuve tout autour étendus ?

Au plus près, c'est un square où l'île s'achève dans la verdure, à la poupe ainsi qu'à la proue — mais l'air est ici

plus grave de recouvrir la crypte où s'affirme, austère et douloureux, le souvenir de la Déportation. L'on bute enfin sur l'eau, partout présente bien sûr ! et nous arrêtant au bord du quai, un autre par-delà la Seine lui fait déjà face... et une autre île aussi, île Saint-Louis elle-même héritière de deux anciens îlots et où, d'ici, un pont permet d'accéder, un pont pour les piétons et pour eux seuls. Quel encouragement à poursuivre la promenade ! Et les belles demeures déjà visibles juste de l'autre côté de l'eau y sont autant d'invites supplémentaires. Mais il ne faut pas nous détourner : il y a beaucoup d'îles et nous y reviendrons plus tard.

Pour l'heure, il est temps d'achever le tour de ce premier domaine : de part et d'autre des coursives, tous les paysages de la terre ferme nous attendent. ■

*À la pointe de l'île de la Cité (**PAGE SUIVANTE**), le square du Vert-Galant est le paradis des pêcheurs et des amoureux : n'ont-ils pas les uns et les autres un goût égal pour les ombrages et la sérénité de l'eau ?*

L'INSTANT DE TRAVERSER, une interrogation nouvelle s'impose : de quel côté passer ? et sur quelle rive ? Vers le nord... ou bien... vers le sud ? Gravir la pente... ou bien s'en aller dans la plaine ? Bref, c'est au cœur même de la ville que nous retrouvons cette ligne de partage, gauche-droite, qui « fait un malheur » depuis deux cents ans en politique. L'opposition est certes simplificatrice, mais Paris la *vit* : dans son développement, dans la répartition de sa croissance, dans l'incessant entassement de ses quartiers. Pour une alternative véritablement établie dans la pierre, dans les mœurs, dans la familiarité même des choses. Et l'on peut dire ainsi que, en toutes matières, à la gauche s'oppose une droite, à une rive l'autre, en une perpétuelle confrontation de mondes.

Dans l'esprit d'abord. Car c'est bien d'un état d'esprit qu'il s'agit avant tout. Et qui ne connaît le label « rive gauche », aussi fameux, partout, qu'une belle appellation contrôlée de sauternes ou de chambertin ! On traverse vers le sud ? Alors, on est « rive gauche » — et c'est effectivement tout un état d'esprit qui évoque aussi le chic de nos grands intellectuels d'avant comme d'après la dernière guerre. Par-delà la littérature, tout sera ici marqué de ce cachet : spectacles, cafés, magasins — l'air même de ces quartiers ! et, bien sûr, leurs habitants, trop conscients de leur privilège pour ne pas le vivre avec beaucoup plus de snobisme que de vérité. On est « rive gauche » et on le montre... avec une commisération un peu hautaine pour ceux d'en face : pauvres bourgeois de la rive droite,

qui représente, elle, un monde d'argent et de tradition, pour ne pas dire « la droite » tout simplement, ce monde abhorré que l'on voit volontiers, rive gauche !, borné, matérialiste, seulement préoccupé de fortune et d'affaires. Et il arrive à ces gens installés de faire eux-mêmes le « complexe de la rive gauche », au point d'y venir « s'encanailler » ou tenter d'en attraper le vernis, sinon le prestige...

Il est cependant indéniable, tout à fait indéniable, que, au-delà des mythologies passées dans le langage commun, la réalité fait assez fidèlement écho à cette dichotomie. Et, en effet, c'est rive gauche que l'on trouvera toutes les maisons d'édition, la plupart des galeries d'avant-garde, les cabarets les plus corrosifs, les théâtres d'expérimentation, les librairies les plus diverses. Et les cafés de

rive gauche... rive droite

Ici passe le méridien de Paris, dans les gerbes d'écume de la fontaine de l'Observatoire, à la limite du Quartier latin. Les chevaux marins sont l'œuvre de Frémiet.

rencontres, qui remontent d'ailleurs bien en-deçà du XXᵉ siècle, puisque c'est déjà ici — rive gauche ! — que se réunissaient les écrivains de Louis XIV et les Encyclopédistes à leur suite. On pourrait poursuivre longtemps cette énumération, avec tout ce qui est mode, tout ce qui est jeune, tout ce qui est, nuit comme jour, animation et balade.

Rive droite, c'est exactement à l'opposé que tout se manifeste : voici les banques, les compagnies d'assurance, le monde des affaires, la Bourse... et, parallèlement, d'autres cafés, d'autres théâtres, d'autres magasins — mais dans le confort, dans le luxe, le classique, le sérieux. Presque l'officiel ! Ici, la cravate est de

*Grand parc à la française au cœur du Quartier latin (**PAGE PRÉCÉDENTE**), le jardin du Luxembourg offre plusieurs perspectives comme celle-ci, qui va jusqu'au Panthéon. Larges escaliers, vastes terrasses, longues allées d'arbres et romantiques statues de reines, tout y compose le havre idéal pour qui en franchit les grilles.*

rigueur et l'on porte encore la robe longue. L'argent a tout recouvert, tout créé en fait : grands immeubles, grandes adresses commerciales, grands restaurants, grandes avenues même. Ici, rive droite, c'est, ce fut surtout, « le grand monde », celui d'un autre chic, parfaitement conscient de son poids et n'hésitant pas à l'opposer au chic des intellectuels d'en face, chic pour chic, avec le sentiment d'être *la* bonne, belle, « vraie » société parisienne. Et c'est alors au tour de la rive gauche de venir de ce côté pour le plaisir, honteux mais si tentant !, de se frotter aux lumières, aux réceptions, aux élégances de la richesse. Ainsi face à face, négatif chacune d'un positif, tant la démarche est parallèle, rive gauche et rive droite se reflètent contradictoirement.

Mais, quand Lutèce commença de déborder de l'île, c'est vers le sud que se firent les installations nouvelles : rive gauche. Et, si d'autres monuments, d'autres activités ont pris la place des constructions gallo-romaines, tout au long de cette voie royale qui n'était pas encore

le boulevard Saint-Michel, les mêmes emplacements ont conservé, d'un bâtisseur à l'autre, leur valeur pour ainsi dire stratégique. Du bas en haut de la colline que l'on gravira, bien sûr, sur le trottoir de gauche — est-ce vraiment le seul effet du hasard s'il monopolise l'animation et les commerces, s'il borde l'essentiel des trésors intellectuels et artistiques du quartier ? —, on retrouve ainsi la fontaine Saint-Michel en lieu et place d'un ancien abreuvoir, le Collège de France là où s'étendaient d'importants thermes et la Sorbonne, le Panthéon, enfin, comme un moderne Forum dont il reprend la place. Il ne s'agit d'ailleurs plus, là, de parler de colline, mais de montagne ! La Montagne Sainte-Geneviève (une pensée émue pour celle qui sauva une première fois la ville des Barbares en 451. Déjà...) culmine à soixante-cinq mètres ; mais il va de soi que ce n'est pas ici l'exacte altitude métrique qui compte. Et si l'on parle de Montagne, c'est qu'il s'agit d'un royaume, celui de l'esprit et de l'étude, dont le rayonnement inclut aussi bien les solennelles processions des funérailles

nationales que les célèbres canulars des étudiants. Le meilleur d'entre eux est probablement la proposition inscrite dans le programme électoral du Captain Cap, alias Alphonse Allais, reprise plus tard par une autre figure pittoresque du quartier, à savoir Ferdinand Lop, de prolonger le boulevard Saint-Michel... jusqu'à la mer ! Et, bien entendu, dans les deux sens...

Mais c'est tout au long de l'histoire de la ville, plaisanterie mise à part, que se poursuit dans son développement cet équilibre entre les deux rives. Déjà, dans le haut Moyen Âge, l'axe central de la cité se prolonge tout naturellement sur la rive droite. Déjà, une sorte de répartition des tâches tout aussi naturelle fait que le commerce commence à trouver ses chemins de ce côté : avec les ports, puis les canaux, avec les grandes artères vers le nord (et là viendront, beaucoup plus tard évidemment, mais le processus de substitution fonctionne ici aussi à l'identique, les terminus ferroviaires puis autoroutiers). Et, dès le XIIᵉ siècle, héritières des premiers marchés, les Halles prennent position en face de la Sorbonne : huit siècles durant, c'est ici le ventre de Paris. Face à l'esprit, voici donc un autre royaume, celui des biens matériels et de la subsistance, celui des sens et des besoins physiques. Et quel royaume ! Avant qu'une dernière et si récente substitution n'y installe les points les plus modernes de la culture et du commerce (et voici le nom de Forum qui revient !), tout le transit de marchandises s'était établi en ces lieux, immense foire à toutes les victuailles répandue par-delà les ferrailles superbes de Baltard, dernière incarnation de la cité marchande, dans l'univers fascinant de toutes ces étroites rues alentour où jamais la vie ne s'est arrêtée. Ce « ventre de Paris » fut vraiment un cœur, et peut-être le seul, car il battait vingt-quatre heures sur vingt-quatre, et tout s'y mêla toujours : le travail incessant des déchargements et des envois, le commerce des marchandises sans cesse engagé, jour après jour, dans la gigantesque démultiplication du gros jusqu'au détail ; et puis, si étroitement imbriquée dans cette activité des

hommes, l'autre multiplicité des assouvissements : cafés, restaurants et putes, toujours présents, toujours proches, dans une sorte de théâtre permanent aux mille personnages s'offrant à satisfaire toutes les faims. Celles du corps, certes, et uniquement celles-là. Mais avec quelle intensité de la vie !

À suivre fidèlement le processus historique de constitution de la ville, nous devrions élargir ici le panorama pour englober dans cette première visite hors de l'île le Louvre, le quartier Saint-Jacques et la place de Grève d'un côté, les rues et les écoles du VIᵉ arrondissement de l'autre. Car c'est tout le long de ce cercle déjà plus vaste que s'inscrit, à la

fin du XIIᵉ siècle, la nouvelle enceinte fortifiée voulue par Philippe-Auguste. « Enceintes/2ᵉ », comme on dirait sur un tournage pour le cinéma. Et il est vrai que, à s'agrandir ainsi, le cercle de la ville conserve néanmoins la belle opposition, droite contre gauche, de l'esprit et de la matière, des études et du commerce, de l'agitation et de l'animation. Bacheliers et marchands, foules populaires et élites diverses, monuments et lieux de travail, c'est toute la composition chimique de Paris qui s'inscrit à l'intérieur de ces remparts. Et elle restera étonnamment stable à travers toutes les mues. Rappelez-vous cette même rengaine : Paris sera toujours Paris... ∎

Rive gauche... c'est, au bas du Boul'Mich', l'animation et la vive gaieté des terrasses de la place Saint-André des Arts. À l'orée d'une zone piétonne, les cheminements du Quartier latin y trouvent, en retrait du trafic de la ville, une halte sympathique entre les cinémas et les restaurants.

Rive droite... c'est, dans le cadre prestigieux de la place Vendôme, l'apparat et le luxe du non moins prestigieux Ritz. Proust et Fitzgerald aimaient ce palace, qui fut le premier à voir tous ses appartements dotés de salles de bains.

C'est (PAGE SUIVANTE) le ministère de la Justice, place Vendôme, qui se reflète dans les vitrines d'un des grands chemisiers parisiens.

Signe parmi d'autres de la déshumanisation si caractéristique de notre siècle de progrès technique, le remplacement progressif des lettres par les chiffres dans tous les systèmes usuels de codification n'a pas atteint uniquement le téléphone. Et de même que les BAGatelle et autres PIGalle ont cédé la place à d'anonymes 224 ou 744, comme auparavant avaient disparu les demoiselles des standards, de même les autobus, héritiers des tramways et des voitures à chevaux, ne sont plus que des numéros tout aussi anonymes : 68, 72, 84, etc. Fini le temps des plates-formes et des receveurs, abandonnés les AE, BK, AX, S, etc., oubliées même ces simples, claires, naturelles appellations des origines : « Madeleine-Bastille »... Faisons, cependant, revivre aujourd'hui une ligne peut-être imaginaire, mais essentielle sur notre parcours : « Louvre-Concorde ». La plus belle des créations de l'esprit, la ligne droite, autrement dit la perspective, s'y matérialise en effet et de façon si riche qu'elle est du même coup la championne pour la densité en touristes. Ils sont ici les rois — et, tout du long, emplacements de stationnement et couloirs de circulation sont officiellement réservés à leurs cars, éléments désormais familiers de cette partie du paysage parisien avec leurs hauts étages panoramiques, leurs hôtesses multilingues, leurs chauffeurs blasés.

La perfection de ce triomphe de la ligne droite va même jusqu'à inclure dans l'organisation architecturale d'autres avancées parallèles tout aussi rectilignes. Car, si l'axe majeur est celui qui, par l'intérieur des palais et des jardins, mène du Louvre à la Concorde, on peut simultanément en suivre sur trois plans les reflets exacts, dans une multiplication qui apporte par la diversité des édifices d'autres richesses encore. Sur le flanc gauche, c'est la Seine, avec son quai, ses alignements de balustres et, déjà, les chefs-d'œuvre de la rive opposée. À droite, ce sont deux voies qui filent à l'identique : longue rue de Rivoli, prise entre les grilles et les arcades, puis mince rue Saint-Honoré, elle aussi généreusement bordée, ouvrant de surcroît sur d'autres places et d'autres églises. Mais ce n'est pas encore fini : quand, au terme de cette chevauchée parallèle, on débouche sur la place de la Concorde, c'est en plein centre politique de la France que l'on se trouve. N'est-on pas là à égale

Louvre-Concorde : place aux touristes

Caché dans les frondaisons du jardin des Tuileries, le lion du sculpteur animalier Barye n'est qu'une proie complice pour les jeux des enfants. Ainsi en va-t-il de tous les grands jardins de Paris, ouverts à la distraction comme à la rêverie.

distance, tous deux visibles et si proches, de l'Assemblée nationale et de l'Élysée ! Quelques pas encore et voici l'avenue la plus célèbre du monde : les Champs-Élysées, en haut desquels l'arc de triomphe de l'Étoile clôt cette immense et pure perspective ouverte au cœur des palais du Louvre.

Mais avant de redécouvrir pas à pas, et dans l'ordre !, tous les éléments de ce trajet exceptionnel, un coup d'œil en arrière s'impose : il serait dommage de rater, presque perdue entre les grands magasins populaires qui animent le quartier, une église qui n'est vraiment pas comme les autres, Saint-Germain-l'Auxerrois. D'abord, parce qu'elle nous

*Au cœur de la plus ancienne partie des palais du Louvre, la cour Carrée (**PAGE PRÉCÉDENTE**) est un chef-d'œuvre de 112,50 mètres de côté, dont les ailes et les pavillons, tantôt Renaissance, tantôt XVIIᵉ siècle, sont recouverts de multiples ornements. La cour Carrée s'embellit encore, l'été venu, dans la lumière des spectacles et des illuminations (**CI-DESSOUS**).*

*L'art du photographe au service de Maillol, dont il exalte le nu puissant. C'est depuis 1965 que le parterre des jardins du Carrousel, entre les derniers bâtiments du Louvre, sert ainsi de « musée en plein air » (**CI-CONTRE, À DROITE**).*

offre les plus merveilleux exemples parisiens du gothique flamboyant et des renouvellements de la Renaissance. Et puis, elle fut l'église du Louvre, c'est-à-dire l'église des rois de France — quel poids d'Histoire en ce lieu, pour peu que les souvenirs reviennent à la surface ! N'est-ce pas ici que fut donné le signal de la Saint-Barthélémy, ici que sonna le tocsin de la Commune, ici que Molière se maria ?

Pour mieux la voir d'ensemble, il faut traverser une artère fort passante où chacun ne semble se préoccuper que de métro, de feux rouges ou de parking. Mais qu'importe !, il suffit de se retourner pour oublier les perturbations bruyantes de la vie contemporaine : le Louvre est ici devant nous. Lieu privilégié, tous les souverains voulurent y laisser leur empreinte : et de ce Grand Dessein perpétué à travers les siècles, il reste assez d'éléments pour nourrir la visite. Ce palais fut d'abord une forteresse, et même si les fossés récemment creusés ne se réfèrent qu'aux travaux du XVIIᵉ siècle, ils aident à se remémorer ce premier château fort où se terminait le Paris du XIIᵉ siècle. Aujourd'hui, la magnificence des « restes » justifie l'appellation de palais et que l'on oublie tout ce qui a été perdu : quel palais, en effet, que celui qui, à partir de la célèbre Colonnade, offre tour à tour sa cour carrée, ses façades et ses pavillons, ses guichets, dans les deux longs alignements d'un U proprement incomparable. Incomparable, il l'est par l'extraordinaire cohérence de l'ensemble architectural, dans une harmonie à travers les siècles et la diversité des artistes continûment appelés à ce travail, qui fait ainsi voisiner, non seulement sans heurts mais pour un embellissement supplémentaire et réciproque, les ornementations de la Renaissance, les architectures du Roi-Soleil, les compléments du XVIIIᵉ siècle et de Napoléon et même les prolongements du second Empire. Et puis, malgré le passage maintenu de la circulation automobile, malgré les cars et les touristes, au milieu même du va-et-vient quotidien des employés du ministère, à peine s'est-on placé au fond de cet U, au point de

Divers aspects du Louvre.
Dans le département des antiquités grecques (CI-DESSUS), *une rencontre superbe : la déesse grecque, découverte en 1820, dans les ruines de l'antique Mêlos : la célèbre «Vénus de Milo».*
Vue de la passerelle du pont des Arts (CI-DESSOUS), *qui sera bientôt reconstruite à l'identique, la façade extérieure du nouveau palais, complétée au XIXᵉ siècle sous le Second Empire. On y a percé les « guichets » monumentaux qui permettent la circulation à travers la place du Carrousel* (PAGE DE DROITE).

départ des ailes du palais, adossé cette fois à la Cour carrée que l'on vient de parcourir, Paris offre ici l'une de ses rares, et certainement la plus belle, percée de lumière, de nature, de verdure, de calme — enclave d'autant plus belle d'être le reflet absolu de la civilisation à la française, poursuivie pendant trois siècles dans une conception rigoureuse de l'art des palais et des jardins. Et, s'il nous manque l'autre palais, celui des Tuileries, au moins avons-nous l'autre jardin, des Tuileries aussi, pour prolonger cette suprême perspective.

Car la voici, notre ligne droite, ligne absolue et pure comme la plus belle des épées, qui fend entre les parois du palais trois jardins successifs pour venir se jeter dans le ciel en basculant d'un coup dans la verticalité de l'obélisque de la Concorde. Qu'en dire de plus ? Qu'à la perfection du trait s'ajoute l'ornementation de deux arcs, dont le premier, le Carrousel, l'entoure comme le pommeau la garde de l'épée, et le second, l'arc de l'Étoile, l'arrête comme l'écu dans lequel elle vient frapper le firmament ? Ne disons plus rien et avançons plutôt jusqu'au pied du Carrousel pour jouir à loisir du spectacle encore préservé de ce fabuleux idéogramme d'Europe.

Mais nous voici à présent, ayant à nouveau avancé, en plein cœur de ce paysage, le plus beau que je sache à Paris avec l'esplanade des Invalides. Et ce n'est pas par hasard s'il sont nés, et Versailles avec eux, de ce même accomplissement architectural du classicisme où monuments, parcs et artères s'intégraient à valeur égale dans une organisation unitaire de tout l'espace. Les statues de Maillol ici parsemées au milieu des parterres ont le charme presque attendrissant de robustes naïades 1900, mais elles sont un peu égarées, pour ne pas dire inutiles, dans cet ensemble à présent entièrement découvert. Car la beauté du paysage est bien ailleurs, et elle est également dans la juxtaposition soudain visible de toutes les lignes qui ont été portées en parallèles, le quai, le parc,

*S'ajoutant aux richesses des palais du Louvre, dont on distingue derrière lui les pavillons, l'arc de triomphe du Carrousel (**PAGE DE DROITE**) a été édifié sous le premier Empire pour commémorer les victoires de Napoléon I*er*. De là part, dans l'autre sens, la perspective qui va jusqu'à l'Étoile. À deux pas, le Palais-Royal (**EN BAS, À DROITE**) développe d'égales merveilles d'architecture du XVIII*e* siècle, double portique, colonnades et galeries,*

*autour d'un jardin de paix qui fut longtemps l'un des lieux à la mode des plaisirs parisiens. Accolé à cet ensemble, le Théâtre-Français est occupé depuis 1799 par la Comédie-Française, et Molière continue d'y régner (**CI-DESSUS**).*

les rues, avec leurs arbres et leurs arcades. Tout s'achève enfin dans le vaste quadrilatère final de la place de la Concorde : le quai, la rue, le parc se prolongent une dernière fois, avec d'autres colonnades, d'autres pavillons, d'autres arbres même aux deux orées de la place. D'anciens lampadaires y relaient la nuit le charme des fontaines, les Tuileries l'ont bordée de terrasses et de musées, la promenade nous appelle déjà de l'autre côté dans le miroir des Champs-Élysées.

Il serait trop injuste, cependant, parce que la perspective est ici parfaite, de tout oublier des beautés qu'elle entraîne sur ses flancs. Certes, c'est à des images toujours et partout familières de reflets dans l'eau, d'anneaux et de pêcheurs, d'amoureux et d'arbres, que le quai nous renvoie. Mais celui-ci, quai du Louvre puis des Tuileries, apporte en outre l'impressionnante grandeur des façades extérieures du palais et, venant à la suite, le charme persistant d'une allée tracée entre les arbres du bord de l'eau et les plantations organisées du parc, avec encore, en lointain écho, d'autres colonnades, non

plus de bois mais de fer et de pierre, pour un grand jeu de miroirs naturels.

Mais c'est de l'autre côté que se trouvent, là où courent les deux parallèles complémentaires de Rivoli et de Saint-Honoré, les derniers trésors de ce qui constitue administrativement le I er arrondissement de la capitale. Et ce ne sont assurément pas les moindres ! Voici d'abord, à l'aplomb du Louvre, un autre palais, et d'autres colonnades, et d'autres arcades, un jardin encore : c'est le Palais-Royal. Et si la majesté sévère des organes suprêmes de l'État, Conseil constitutionnel, Conseil d'État, ministère de la Culture, a remplacé aujourd'hui les vraies folies rieuses et tout à fait dévergondées d'un XVIII e siècle frivole et délicieux, il y a encore bien de la douceur à venir flâner dans le carré magique de ce parc ceint d'anciennes boutiques régulièrement disposées sous ses arcades silencieuses. Rien n'y trouble le chant discret des oiseaux, le tremblement des jets d'eau, le balancement des branches, rien, sinon les rares sonorités, tout aussi idylliques en ce lieu, de la tondeuse

du préposé à l'entretien des pelouses. Heureux ceux qui habitent ici, heureux plus encore ceux qui y travaillent, eux qui peuvent jouir à loisir du privilège des balcons et des terrasses qui se multiplient tout autour de ce havre ! Il reste au piéton ordinaire à franchir les portiques qui mènent aux belles rues du voisinage, prolongement harmonieux de l'architecture centrale, aussi bien qu'aux dernières arcades du Théâtre-Français, autre prolongement non négligeable. Et libre à lui de rêver sur ces bancs, ces carrelages, ces étages romantiques, à toute une poésie des mondes passés dont, de Colette à Fargue, tant d'artistes de Paris ont su

maintenir en place une présence réellement palpable.

À suivre maintenant nos deux belles artères prises dans la masse des élégants hôtels du XVIIIe, côté Saint-Honoré, et des immeubles imposants du XIXe, côté Rivoli, on risque le torticolis à glaner sans cesse, par toutes les échappées des petites rues latérales, quelque fragment du palais et du parc, à gauche, quelque aperçu des arrières tout aussi monumentaux du quartier, à droite — et même si c'est anticiper sur les autres gloires de cette rive, l'Opéra, par exemple... Plus près, on rencontrera quelques églises encore : la chapelle classique de l'Assomption ou Saint-Roch, belle paroisse baroque depuis longtemps consacrée aux artistes, volontiers accueillante aux concerts, gar-

dant encore la trace des balles de l'insurrection royaliste de Vendémiaire qui fut écrasée par un certain Bonaparte... Et puis, pour finir, côté Saint-Honoré, un pur joyau : la place Vendôme. Rien d'étonnant à cela puisqu'elle est l'adresse préférée des plus grands bijoutiers qui, à côté du Ritz et — voisinage plus surprenant — du ministère de la Justice, se disputent les emplacements sur le pourtour de cet octogone raffiné : un ensemble uniforme de grands hôtels du début du XVIIIe siècle, dont les hautes façades s'ornent de ferronneries et de dorures. Belle folie, elle se ferme de temps à autre pour de luxueuses réceptions où, dans les lumières de la nuit, se recrée le caractère royal d'une des places les plus réussies de Paris. ∎

Rue de Rivoli (PAGE DE GAUCHE). Sous les arcades et le long des vastes demeures du XIXe siècle, c'est une belle parallèle qui accompagne le jardin des Tuileries jusqu'à la place de la Concorde.
Place Vendôme (PAGE DE DROITE). Place royale édifiée à la fin du règne de Louis XIV, elle porte en son centre une colonne à la gloire de Napoléon Ier et sert aujourd'hui d'adresse aux plus grands joailliers (PAGE DE GAUCHE, EN HAUT). Belle preuve de l'éclectisme du Paris cosmopolite et brillant...

La plus belle perspective du monde (PAGE SUIVANTE), du Louvre à l'Étoile, ne fait ici que transparaître dans le brouillard mêlé d'eau et de lumière. Nous sommes déjà à mi-parcours, dans le vaste espace aéré du jardin des Tuileries.

L AISSANT DERRIÈRE NOUS LES PERSPECTIVES du Iᵉʳ arrondissement, revenons à cette géométrie circulaire qui définit par excellence le dessin de la capitale. Que notre regard ait à présent la sagesse de celui que l'on porte sur les âges successifs du chêne ou du cèdre : de cercle en cercle, élargissant avec régularité le champ de notre investigation et nous pliant pour l'exploration de la ville à la simple énumération ordinale de ses quartiers. Il n'y aura plus désormais pour nous guider qu'un immense colimaçon naturel déroulé sur vingt arrondissements en une double et même triple ligne de vie, des bords de la Seine jusqu'aux hauteurs de Ménilmontant, du Châtelet à la Nation. Et pourquoi pas, même, au-delà ? Alternant les méandres de la Seine et les grands espaces verts, on pourrait encore poursuivre cette spirale accumulative dans les couronnes de la ville, la petite puis la grande, les boulevards de ceinture, l'extérieur, le périphérique, un troisième qui se construit en ce moment, etc. Mais contentons-nous, dans les limites communales, de reprendre la comptine : IIᵉ - IIIᵉ - IVᵉ am stram gram... Vᵉ - VIᵉ - VIIᵉ pic et pic et colegram... Et ainsi de suite jusqu'à XX.

Dans cette ville qui est par elle-même le « centre-ville » de tout un pays, voici donc, après le cœur de Lutèce, après le plus large noyau des deux rives, après cet autre cœur qu'est aussi le périmètre du Louvre, voici un centre-ville de plus. Mais les cercles n'ont pas disparu pour autant : les trois arrondissements, IIᵉ, IIIᵉ et IVᵉ, sur lesquels s'enclenche à présent notre visite, se développent à l'inté-rieur des boulevards — d'autres encore ! qui sont les premiers... et les plus célèbres. Ce sont en effet les Grands Boulevards, chers à Yves Montand, témoins toujours actifs de la vie populaire du Paris du siècle dernier, mais aussi les héritiers de nouvelles enceintes, de nouveaux remparts, édifiés sous Charles V (c'est le XIVᵉ siècle), puis sous Louis XIII (c'est le XVIIᵉ siècle). La ville continue à nous donner à lire son âge, inlassable arbre de pierre... Mais si cette partie de la capitale apparaît comme le centre-ville, c'est que, avec ses grands centres d'activité, son quadrillage d'artères, ses îlots bien circonscrits, ses monuments aussi, elle constitue une belle pièce de tissu urbain, que l'on peut d'ailleurs aborder à son gré, au hasard des besoins ou de la simple promenade — mais

direction "centre-ville"

Le quartier du Marais. Avec la rénovation des anciens immeubles est venue l'animation culturelle : cafés-théâtres, concerts dans les églises, spectacles en plein air durant le festival.

toujours pour la forte perception d'un standard chromatique particulier. Noirs (ou gris ou blancs, mais toujours du ton de la pierre) les immeubles, bleu le ciel. Noir... bleu ; bleu... noir : c'est Paris, c'est la Ville.

Commençons par exemple par la place des Victoires. Bien sûr, le Ier arrondissement est vraiment tout près : il en est même limitrophe ! Et d'un coup d'œil en arrière, on peut retrouver, là, au bout de la rue, les arcades et les grilles de Rivoli, le mur du Louvre ; même chose, à peine plus loin, pour les jardins du Palais-Royal qui se devinent au travers d'une ouverture, pleine de charme romantique, dans d'identiques arcades. Mais qu'importe ! Toute la ville est sans cesse présente sous le bleu du ciel... Ici donc, place des Victoires, c'est le règne d'une harmonie totale entre les tracés successifs du terre-plein sur lequel s'élève une belle et noble statue équestre du Roi-Soleil, de la chaussée, des immeubles enfin, suivant une même ligne uniforme — avec cette rareté parfaite de finesse d'une courbe continue dans l'architecture des façades. Eh oui ! la place des Victoires est l'image achevée d'un cercle comme la ville en a partout sécrétés. De vastes artères plus récentes ouvrent aussi la perspective, avant de s'enfoncer alentour dans de petites rues pittoresques parce qu'elles sont étroites, emplies de commerces précieux et dotées de noms pour le moins évocateurs : des Petits-Pères, des Petits-Champs, mais aussi Vide-Gousset ou Chabanais... Mais qu'on ne s'y trompe pas, ces rues ne sont en fait ni petites ni pittoresques, car il s'y prolonge le grand goût classique de la place en de hauts et sobres immeubles bien clairs, alignés selon la rigoureuse et équivalente ordonnance, rues pour allées et bâtiments pour bosquets, des jardins

Le Marais, c'est, à Paris, la plus forte concentration de grandes demeures, édifiées du Moyen Âge jusqu'au XVIIIe siècle. Trois exemples de la richesse de ce musée architectural dans la ville : l'hôtel de Sens (CI-DESSUS), dont l'ornementation défensive évoque les temps difficiles du XVe siècle ; les façades du quai le long de la Seine (CI-CONTRE, À DROITE), où vient finir le quartier dans un ensemble plus simple du XVIIIe siècle ; l'hôtel Carnavalet (PAGE DE DROITE), dont on voit ici la splendide cour intérieure décorée par Lescot, devenu musée historique de la Ville après avoir été le domicile, dix-huit années durant, de Mme de Sévigné : c'est l'un des plus beaux monuments du Marais et l'on y retrouve le génie du grand architecte François Mansart.

« à la française ». Rien d'étonnant dès lors qu'aux deux extrémités de ce « parc » l'on débouche simultanément sur deux véritables monuments, l'un et l'autre également grandioses : la Bibliothèque nationale, de style classique, immense réservoir de la culture écrite, et la Bourse, « Q. G. » névralgique de tous les marchands, qui a pris la forme gréco-romaine du temple.

Vers l'est, dans la partie extrême de ce IIe arrondissement et à travers tout le IIIe qui le prolonge, l'unité de ce « centre-ville » saute aux yeux : des multitudes de rues animées, pour des quartiers d'artisans et de cafetiers où se poursuivent les Halles, se croise le « Sébasto », se présentent le Sentier — c'est la confection —, les Arts-et-Métiers — on y vend en gros, en demi-gros et, pour un sou-

rire, au détail —, le Temple, la rue des Rosiers..., mais c'est déjà, dans ce quartier de la vieille présence juive, le IVe qui commence. Sans oublier, la carte suffit à le dire, plein de petites taches vertes, qui sont autant de squares charmants aux vieux arbres inattendus et presque insolites dans cette fourmilière humaine. Fourmilière pour l'accumulation à si petite échelle des commerces et des activités, humaine pour la cohérence d'un urbanisme toujours harmonieusement développé le long de grandes artères où se découpe l'implantation des édifices, habitations aussi bien que bâtiments publics, tous siècles fondus dans la continuité de la pierre.

C'est ici d'ailleurs que se situe le plus bel ensemble de constructions qui se puisse voir dans la capitale : le Marais.

À cheval sur le IIIe et le IVe, ce quartier a fait l'objet du premier plan de rénovation globale mis au point dans le cadre de la défense du patrimoine engagée par Malraux dans les années 60 : sauver les édifices délabrés et souvent presque en ruine, dégager les envahissements de constructions anachroniques, ravaler les façades, reconstituer les jardins, restaurer les églises et redonner à tout

Autre fleuron du Marais (PAGE SUIVANTE) : la place des Vosges, dont la conception remonte à Henri IV, avait bien mérité son premier nom de « place Royale ». Henri IV devait mourir assassiné en 1610, deux ans avant l'achèvement des travaux, mais c'est selon ses directives que furent élevés ces hôtels à l'identique, galerie d'arcades surmontées de deux étages, dont la brique et l'ardoise sont représentatives des goûts architecturaux du début du XVIIe siècle.

l'ensemble le cachet réel de ses origines. Avec, en même temps, tous les excès partout devenus des modes, depuis la réfection sinon la création des poutres apparentes jusqu'au snobisme du crépi et de la décoration « d'époque », pour les réaménagements intérieurs. Quant aux façades extérieures et à l'organisation socio-urbaine de la zone, le dessein d'une restitution historique a souvent basculé vers un style dévitalisé de musée de plein air, tendance aggravée par l'énorme accroissement de la valeur foncière et peu corrigée par le style également « mode » des commerces de substitution, trop « chic », trop snob, en un mot trop plaqué. L'essentiel demeure néanmoins que le quartier ait été sauvé, et une simple promenade peut fort bien y résister à ces avatars.

Car tout ici est beau — et les souvenirs çà et là répandus viennent adoucir la trop impeccable, trop neuve propreté du travail des restaurateurs... Le Marais, c'est une merveilleuse densité d'hôtels, résidences des princes et des grands simplement construites au milieu des demeures courantes et que, mieux que leurs plus vastes dimensions, distinguent les ornements de leurs portails, sculptures, hauts et bas-reliefs, blasons, balustrades. Et dans les cours de la plupart d'entre eux, qui sont de véritables intérieurs de palais, voici des arcades, des

Entre Beaubourg et les Halles, la rue Quincampoix fut longtemps auréolée de la mauvaise réputation des filles de joie fort nombreuses dans le quartier. Avec la réhabilitation des hôtels du XVIIIᵉ siècle, elle retrouve aujourd'hui l'élégance sinon l'animation du temps de Law et de ses opérations financières qui faisaient ici courir le Tout-Paris des spéculateurs.

Vue au grand angle, la place des Vosges avec la dimension supplémentaire de la lumière, des arbres et de la sérénité qu'elle enferme dans l'écrin original de ses trente-huit pavillons.

colonnades, des galeries d'étage, des escaliers aux rampes de fer forgé, des jardins encore. Ainsi des hôtels de Soubise, de Sully, de Rohan-Strasbourg, Salé, Lamoignon, Carnavalet, aujourd'hui affectés aux actions culturelles de l'État ou de la Ville de Paris ; ainsi en est-il de tant d'autres, tels les hôtels de Montmort, de Tallard, Hérouët, de Marle ou de Guénégaud. Et du superbe hôtel des Ambassadeurs de Hollande, peut-être la plus belle façade du quartier — Beaumarchais y vécut onze ans... Et de l'admirable hôtel de Beauvais — Mozart y logea quelques mois, il avait sept ans... Et puis, de rue en rue, dans une douce flânerie à pied, croisant quelques églises — elles ne manquent pas ici non plus et offrent encore d'autres architectures — on tombera tout naturellement, au bout d'une courte rue ou, mieux, en passant sous les hautes arcades des pavillons d'entrée, sur la place des Vosges. Place royale par excellence (c'est son premier nom, avant que la Révolution ne veuille glorifier le département le plus civique en matière d'impôt), elle est de surcroît l'exemple unique, à peu près préservé, d'un style *antérieur* au classicisme du grand siècle qui, par lui-même autant que par ses prolongements et son influence, s'est arrogé dans Paris un quasi-monopole esthétique. Cette place, n'est donc pas ronde et présente une *autre* perfec-

tion : un jardin carré, replanté de tilleuls, ceint d'une quarantaine de demeures d'un style unique, du début du XVIIe siècle, avec les chaînages de brique, les hautes fenêtres et une harmonie de proportions entre les arcades des rez-de-chaussée, les étages et les toits d'ardoise qui datent parfaitement ce chef-d'œuvre. Mme de Sévigné est née ici, Marion de Lorme y a vécu, Victor Hugo également : l'endroit

était à la mode au temps de sa création, il le fut à l'époque romantique et il l'est redevenu.

Mais cependant, plus que quelques galeries raffinées et les inévitables restaurants du Tout-Paris, c'est encore le calme provincial d'une surface magiquement protégée qui l'emporte — comme si, fermée plus complètement par d'invisibles vitres, cette place vivait de sa

La visite du Marais impose de franchir les grands portails somptueux pour découvrir l'égale beauté des cours ornementales. Ainsi, peu à peu, les hôtels du quartier retrouvent leur lustre...

propre sérénité d'être elle-même et seulement cela : hors de ce temps.

Les limites du quartier, qui sont ici celles de l'arrondissement, sont pourtant fort proches et l'on vient vite buter sur la Seine... après quelques beautés encore : un fragment de l'enceinte de Philippe Auguste, les derniers hôtels, Sens, Aumont, un fouillis agréable de petites rues prêtes pour la rénovation et surtout,

À l'instar des grands paquebots, le Centre Pompidou (PAGE PRÉCÉDENTE) a des coursives extérieures pour la circulation du public, ainsi mis directement en contact avec le paysage des toits de Paris au milieu desquels le bâtiment est ancré.

jouxtant la surcharge de styles de Saint-Gervais, ce qui est peut-être le plus bel ensemble de maisons privées qu'il y ait à Paris. Une longue façade surélevée, courant au-dessus des larges marches d'un escalier, dans une grande harmonie parallèle, avec peu d'ornements, juste pour souligner la pureté des volumes : ce fut, en partie, la maison des Couperin et chaque balcon porte l'orme symbolique de l'église, à l'image de l'arbre dressé devant elle en un couple singulier.

Et puis, en un dernier saut par-dessus les édifices bizarrement concomitants du B. H. V. (un grand magasin) et de l'Hôtel de Ville (c'est la mairie de Paris), on retrouve toutes les caractéristiques du

« centre-ville » : le témoignage des siècles, avec les théâtres, la tour Saint-Jacques, la fontaine du Châtelet — mais aussi la foule, les commerces, la circulation, dans ce court espace où viennent à la fois mourir les longues sentes issues du Nord et se déverser le trop-plein, hommes et biens, de tous les quartiers environnants.

C'est au milieu de ce foisonnement si longtemps populaire qu'a surgi « le monstre », à savoir la gigantesque structure de métal vivement coloré du Centre Pompidou. Émergeant tel un dinosaure du futur parmi les restes médiévaux et les anciens bordels des rues chaudes, il n'a cessé depuis cinq ans de susciter des passions

contraires : refus indigné d'une greffe aussi violente contre enthousiasme fervent d'un bond qualitatif dans le contemporain. Mais la réalité a tranché et aux moqueries adressées à « l'usine » ou à « la plomberie » c'est la foule qui a répondu avec le record national des entrées, devant Versailles, devant le Louvre, devant la tour Eiffel ! Il y a donc bien eu réussite du pari initial, qui était de rendre l'art à la masse de la population, et, par-delà les apparences du gadget, c'est un chemin sérieux qui s'ouvre ici pour la démocratisation culturelle. Que, de surcroît, le quartier entier y ait trouvé, après le départ des Halles vers la banlieue, l'occasion d'une revitalisation réelle, nul ne s'en plaindra. Car, malgré d'inévitables accrochages au niveau de l'ordre et de la sécurité traditionnels, le Centre fonctionne comme les grands lieux de rendez-vous du temps jadis et, nouveau parvis, l'aire qui le précède est un espace de liberté ouvert à toutes les inspirations. Puisse-t-on longtemps encore y rencontrer à loisir dans la nuit les chanteurs anonymes et les cracheurs de feu ! ∎

Révolution à Beaubourg avec l'édification du Centre Pompidou, dans un face-à-face symbolique avec les gargouilles de Notre-Dame (PAGE DE GAUCHE); au bout du parvis, les cheminées renvoient à l'idée d'un paquebot qui sous-tend l'architecture du bâtiment (CI-DESSUS), — et sur ce « pont », la foule des passagers en transit est disponible pour toutes les fêtes. Révolution aussi, avec ce Forum souterrain (CI-CONTRE, À GAUCHE) qui a pris la place des anciennes Halles métalliques de Baltard sous l'œil (indifférent ?) de Saint-Eustache. Voilà le « trou » comblé... ou habillé !

Belle image de la foule (PAGE SUIVANTE) parmi les structures sans cesse proposées à sa promenade : c'est aussi cela, le Centre Pompidou, alias Beaubourg, une perpétuelle ouverture sur toutes les potentialités de la découverte. Le nombre record des visiteurs est venu indiquer que ce message avait été entendu...

D E LA SEINE À LA SEINE, il va, traversant les trois arrondissements du bord de l'eau — mais suivant un tracé légèrement évasé vers l'intérieur des terres... Juste ce qu'il faut pour former un long ovale avec les arrondissements de la rive droite déjà connus, auxquels, de l'autre côté du fleuve, il fait face exactement. Il ? Le boulevard Saint-Germain, dont les extrémités se nouent l'une à l'île Saint-Louis et l'autre à la Concorde. La circulation automobile, aujourd'hui à sens unique, a d'ailleurs privilégié cette dernière attache et c'est par le VIIe qu'elle nous fait prendre cette large et noble artère, souveraine des territoires qu'elle irrigue. Et si elle est, avec le boulevard Saint-Michel (ils forment d'ailleurs une croix symbolique), le fleuron de la rive gauche, il est bon qu'à

l'aborder ainsi par l'Assemblée nationale et le ministère des Relations extérieures, deux édifices encore également majestueux, on n'oublie point que, de ce côté aussi de l'eau, réside une aristocratie identique de la tradition et de la richesse. Au faubourg Saint-Honoré répond le faubourg Saint-Germain, essentiellement composé lui aussi de grandes demeures aux vastes portails faits pour les équipages élégants du siècle dernier. Elles bordent continûment cette partie du boulevard, à l'abri des grands arbres qui indiquent les avenues d'importance, et se retrouvent, pour le bonheur des ministères et des ambassades, dans toutes les rues parallèles ou perpendiculaires dont l'ensemble harmonieux, Varenne, Grenelle, l'Université, Verneuil et quelques autres, constitue justement le

faubourg. Dans cet espace pour une élite aujourd'hui républicaine, il faudrait ouvrir les portes de chaque hôtel, pénétrer dans chaque palais, pour en connaître les vraies dimensions, souvent monumentales, pour en apprécier l'ameublement luxueusement raffiné sous d'anciens plafonds toujours enrichis de moulures, pour recevoir le choc d'autant de jardins où la grandeur des façades sur la rue se prolonge dans des avenues vertes parallèles et secrètes. Les bâtiments appartenant à l'État laissent toujours ouvert le premier portail, celui qui donne sur la cour d'honneur — et l'on peut, au plus près de l'inévitable gendarme en faction, glisser un œil sur un fragment plus ou moins large de leur disposition intérieure. Mais, pour les jardins, rien à faire : il faut être reçu... ou

les chics du faubourg Saint-Germain

Saint-Germain-des-Prés, c'est aussi le rendez-vous des antiquaires dont les vitrines se succèdent tout au long des grandes rues du quartier : rue des Saints-Pères, rue Bonaparte, rue Jacob...

louer un hélicoptère (chose au demeurant interdite) ! Reste que, au temps d'un précédent Premier ministre, les grilles délimitant sur l'arrière l'hôtel Matignon furent libérées des panneaux qui les rendaient aveugles : et l'on put admirer, du fond du parc, la verdure et les arbres qui s'étendent sur plus de trois cents mètres.

Mais c'est à pied qu'il faut emprunter le boulevard Saint-Germain — et en commençant par l'autre extrémité (là où se trouve le n° 1 !), pour découvrir au long du Vᵉ et du VIᵉ cette « rive gauche » qu'il traverse avant de s'empanacher dans la fréquentation du grand monde. Sur ses arrières déjà, tout un monde divers et sympathique s'étage au flanc de la colline, mêlant les lieux de rendez-vous des étudiants — lycées, écoles et cafés — à toutes les formes également perpétuées de la vie populaire. Et si la faculté des sciences a chassé la halle aux vins, les marchés demeurent et les petits commerces, dans une animation dont le folklore doit autant aux uns et aux autres et qui culmine dans tous les sens du terme avec un boulevard Saint-Michel devenu si fameux qu'on ne l'appelle plus nulle part que le « Boul' Mich' »...

Partant du fleuve, on a d'abord rencontré le Jardin des Plantes — c'est aussi le Muséum d'histoire naturelle — et les enfants arpentent ses allées à la recherche des singes malins et des lions fatigués qu'abrite un zoo très provincial ; puis la grande mosquée de Paris — c'est l'Institut musulman, que les infidèles fréquentent pour ses bains maures et son thé à la menthe. Vient alors une suite pittoresque de vieux quartiers minuscules connus chacun par un diminutif de familiarité : la « Maub' », c'est Maubert-Mutualité, M. Mitterrand y habite (M. Pompidou, lui, était en face, dans l'île Saint-Louis) et le remue-ménage quotidien s'y enfle les soirs de meetings dans la grande salle de la « Mutu ». Plus haut, c'est la « Mouff' », alias la rue Mouffetard ; elle est tout entière un vrai marché, de ceux où les produits frais jetés sur les étals, presque à même la chaussée, vous interpellent par la voix de commères bien parisiennes, dignes émules des poissonnières de Marseille. Toujours parsemées d'écoles et de lycées, voici maintenant les rues de la Contrescarpe, aux noms évocateurs : de l'Épée-de-Bois, du Puits-de-l'Ermite, de l'Ortolan, du Pot-de-Fer, de l'Estrapade.

La transition est ainsi naturelle avec le « Boul' Mich' », à la fois frontière et centre de ce quartier Latin où se mêlent sans cesse, vrais ou faux peu importe, étudiants, touristes et habitants. N'oublions pas cependant la rue Saint-Jacques : bien qu'elle semble, parallèle fidèle,

La rive gauche, entre la Seine et le Panthéon. On peut encore y rencontrer les figures pittoresques d'une autre vie, quand les mœurs de la campagne valaient à la ville : marchands et boutiques de la rue Mouffetard, qui n'est qu'un long marché (PAGE DE DROITE), « bougnats » spécialistes du charbon d'appartement, du petit bois et, souvent aussi, du bon coup de rouge... (CI-DESSUS). Malgré les apparences, ce jardin presque sauvage perdu dans les bois n'est aussi qu'un élément de la ville (CI-CONTRE) dans le cadre organisé du Muséum d'histoire naturelle : le trafic des quais est à 10 mètres...

Les hauts-lieux du Quartier latin : l'église Saint-Séverin (PAGE DE DROITE, À DROITE), riche de nombreux ornements architecturaux du XIIIᵉ au XVIᵉ siècle; la bibliothèque Sainte-Geneviève (CI-CONTRE, À DROITE), où le métal, employé avant 1850 par Labrouste, donne un égal sentiment d'élévation pour une nef laïque; la petite église Saint-Julien-Le-Pauvre, avec son square (EN BAS, AU MILIEU), en un ensemble attachant où se rejoignent les amoureux du vieux Paris et les fidèles du rite catholique d'Orient auquel elle fut consacrée en 1889.

Rival, mais dans le goût baroque, de celui du Panthéon, le dôme du Val-de-Grâce surmonte une belle église dessinée par François Mansart et qui fait partie d'un ensemble du XVIIᵉ siècle toujours affecté à la médecine militaire (CI-CONTRE, À GAUCHE).

ne faire qu'accompagner le boulevard Saint-Michel dans son escalade jusqu'au Luxembourg, c'est elle la plus ancienne voie de Paris. Tout du long de ces deux artères essentielles, comme d'ailleurs dans les rues et sur les places avoisinantes, ont fleuri les monuments, aujourd'hui lycées, facultés ou bibliothèques, et les églises, depuis Saint-Séverin, en bas, jusqu'à Saint-Étienne-du-Mont, en haut. Et tout du long fleurissent cafés, restaurants, librairies aussi et lieux de rencontre, depuis les ruelles du quartier de la Huchette et de la place Saint-Michel, en bas, rendez-vous préféré des motards et des amateurs d'exotisme alimentaire, jusqu'aux jets d'eau et aux arbres du Luxembourg, pardon, du « Luco », en haut.

Le « Boul' Mich' » continue au-delà, d'ailleurs, mais il s'est assagi et c'est dans une ambiance plus tranquille, de confort bourgeois traditionnel, que l'on rejoint le Val-de-Grâce, hôpital militaire doté d'une église superbe dont le dôme baroque rivalise en grandeur avec celui, néo-classique, du Panthéon.

Ce calme se prolonge et s'étend de l'autre côté du boulevard, même si son tracé délimite deux arrondissements administrativement distincts. En changeant de trottoir, on reste donc entouré d'arbres et de beaux immeubles « de rapport » — avec, pour privilège supplémentaire, une vue « imprenable » sur le Luxembourg, qui est tout entier dans le VIe. Et même il se complète d'un autre jardin, plus étroit mais tout aussi charmant pour ses heureux riverains, que l'on nomme « jardin de l'Observatoire » ; et, du bronze de Carpeaux, qui marque son entrée à la frontière du XIVe, la perspective va, s'élargissant à travers les clairs espaces du Luxembourg, jusqu'au palais de Marie de Médicis qui est aujourd'hui le siège du Sénat. Et les amoureux et les étudiants rêveurs qui, un livre à la main, peuplent ses bancs, les enfants attentifs aux bateaux lancés sur l'eau paisible de son bassin ne font que rendre plus sensible la tranquillité de ce vaste quadrilatère orné de balustres et de terrasses parmi les arbres. Au-delà des grilles qui ne se ferment qu'à la nuit venue, c'est un

tout autre quartier qui vit ainsi, reliant par des rues bien fréquentées où s'alignent des habitations sans histoire le théâtre de l'Odéon, volume classique ceint d'arcades, à nouveau jumelé à la Comédie-Française au terme d'une longue histoire qui vit passer dans ses murs et Gémier et Barrault, aux deux tours dissymétriques de Saint-Sulpice, ancien fief des « bondieuseries » à présent colonisé par les couturiers à la mode. Et nous voici sur les arrières de Montparnasse que signale déjà plus de mouvement dans l'air, plus d'animation aussi dans le trafic venu des artères commerciales des arrondissements voisins. Là est la frontière entre le centre et la périphérie de la ville, avec d'autres boulevards intérieurs eux aussi circulaires.

Redescendons plutôt vers Saint-Germain, puisque c'est ici, au bas du VIe, que le faubourg a son cœur, entre le Vieux-Colombier et la Seine, auprès de cette église romane qui lui a tout donné, son nom, sa raison d'être et les sources renouvelées et toujours vives de sa gloire : Saint-Germain-des-Prés. Entre la bohème

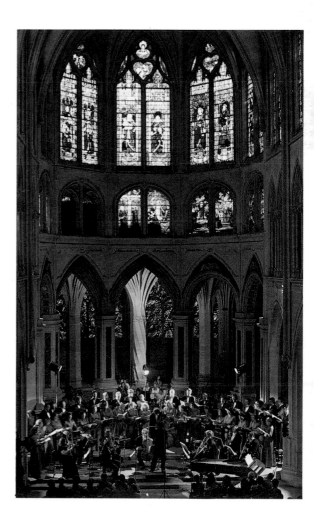

du Ve et le chic du VIIe, c'est encore une atmosphère différente, tout autant précieuse parce que tout autant unique, qui vous emplit l'œil et les poumons. Charme des voies romantiques où se cache la petite place Furstenberg aux lampadaires ronds éclairant l'atelier de Delacroix, gai brouhaha des trottoirs et des chaussées pacifiquement reconquis chaque soir sur la circulation des voitures pour le plus grand bénéfice des flâneurs et des artistes de tout poil venus vendre peintures naïves, breloques ou oiseaux mécaniques négligemment suspendus aux grilles de l'église ou « exposés » au pied des arbres, délices intellectuelles des terrasses et des brasseries où l'on jouit également de voir et d'être vu, c'est tout cela Saint-Germain. Un carrefour en plein Paris,

Le jardin du Luxembourg ne contient pas que des statues de reines... On y voit aussi des bateaux flotter sur l'eau devant le palais où siège le Sénat. Cette façade sur le jardin a été ajoutée au XIXe siècle au bâtiment initial du XVIIe siècle.

62

que l'existentialisme des bistrots ouverts sur la place et le jazz des sous-sols enfumés ont rendu légendaire en même temps que Sartre ou Boris Vian — et dont les pôles d'attraction, quand on a pu y pénétrer, restent dans la mémoire universelle comme les mots de passe magiques d'un monde que l'on croit volontiers supérieur : Lipp, le café de Flore, les Deux Magots... Chaque matin, les garçons revêtus du traditionnel tablier blanc ressortent les tables rondes et les chaises et, à l'heure déserte de ce cérémonial, seuls les vrais habitués savent goûter,

avec le premier café, la sensation elle aussi unique du soleil encore à peine levé sur le simple clocher millénaire de l'église.

Des rues presque aussi anciennes nous entraînent maintenant jusqu'au fleuve et chaque demeure ici est chargée de souvenirs ou recèle encore quelque témoignage des aventures passées. Ainsi des édifices prestigieux qui bordent le quai (et les façades du Louvre sont juste de l'autre côté de l'eau) : la Monnaie, XVIIIe siècle ; l'Institut de France et la bibliothèque Mazarine, XVIIe siècle — à l'emplacement exact de la célèbre tour de Nesle ; l'école des Beaux-Arts, XIXe siècle — enrichie des vestiges de la Renaissance que l'on a rassemblés dans ses cours. Mais l'influence du VIIe arrondissement se fait déjà sentir et, de la rue de Seine à la rue Bonaparte et à la rue des Saints-Pères, le quartier n'est plus que galeries, décorateurs, antiquaires rivalisant d'élégance... et de prix ! Il n'en coûte rien, cependant, de faire du lèche-vitrines et, le long des trottoirs étroits qui obligent à lever haut la tête pour suivre l'ornementation des vieux hôtels accolés les uns aux autres, c'est une véritable exposition d'art, et la plus luxueuse qui soit, que le piéton ou l'automobiliste pris dans les ralentissements habituels des « bouchons » se voient offrir.

Toujours le Luxembourg : la fontaine Médicis, comme enfouie dans la verdure, avec ses figures mythologiques évoquant Polyphème et Diane...

Saint-Germain-des-Prés et ses « vedettes » à l'ombre du simple clocher de campagne de la plus ancienne église de Paris : la terrasse du café des Deux-Magots (PAGE DE DROITE), la brasserie Lipp (CI-DESSOUS) — les grands rendez-vous des « intellectuels » et du Tout-Paris politique.

Mais le VIIe arrondissement ne se termine pas ici, ni même à la jonction retrouvée du boulevard Saint-Germain et du quai d'Orsay. Franchissant le boulevard des Invalides, abandonnant là le Faubourg, le voici qui développe de nouveaux espaces de richesse et de verdure au long des mêmes rues jusqu'ici prolongées. Mais l'esprit en a changé et, même si l'on traverse un moment, plus près de la Seine, l'animation distinguée mais réelle de la paroisse du Gros-Caillou, tout respire le cossu, l'aisance des gros immeubles installés dans de larges voies bien aérées et si discrètes qu'on les jurerait privées si rien ne les séparait du Champ-de-Mars, ce vaste parc où naquit la commémoration du 14-Juillet et qui est resté ouvert à tous. Cela n'est rien cependant, et même l'étalement de ces fortunes immobilières, comparé au double coup d'éclat qui l'encadre et sur lequel cet autre VIIe s'ouvre, dans la perspective des Invalides, et se ferme, avec celle de la tour Eiffel.

À la frontière sud de l'arrondissement, sur une belle place ronde partagée avec le XVe, on peut même s'en offrir une vision simultanée, comme à la charnière d'un compas dont les branches vont buter avec la rigueur d'une géométrie classique sur le dôme des Invalides, à droite, sur la cour d'honneur de l'École militaire, à gauche. Il suffit alors d'aller aux quais pour que s'offrent de même, mais dans des contrechamps successifs, les deux esplanades qui mènent de la Seine l'une à la sublime façade de l'hôtel proprement dit des Invalides et l'autre à celle de l'École militaire. L'une directement ouverte dans le large espace d'une place qui sera bientôt à nouveau une pelouse bordée d'arbres, comme au temps où elle fut tracée..., l'autre passant sous la haute voûte métallique de la Tour pour rejoindre jusqu'au pied de l'École l'étendue de verdure du Champ-de-Mars. Et face à l'une comme face à l'autre, les palais de la rive droite : Petit Palais et Grand Palais dont les chevaux sculptés et les verrières dominent l'horizon, palais de Chaillot, dont les formes monumentales et dépouillées ont pris la place de la vieille pâtisserie rose du Trocadéro.

Ici, la « vieille dame », comme les Parisiens ont fini par nommer affectueusement la tour Eiffel, éclipse tout. Avec ses 15 000 pièces de métal qu'assemblent deux millions et demi de rivets, avec ses 320 mètres de hauteur, ses trois plates-formes successives d'où la vue s'élargit progressivement jusqu'aux collines les plus lointaines de l'Île-de-France, elle reste l'un des monuments les plus visités de France. Et surtout, elle *est* Paris, un symbole pour un autre, ce qu'attestent pour les touristes la multitude des cartes postales qu'on s'attendrait presque à voir

L'Institut de France (**PAGE PRÉCÉDENTE**). *C'est dans ce palais du XVIIe siècle que siègent les cinq académies et c'est sous sa coupole que sont reçus leurs nouveaux membres.*

Une placette calme comme un mail, deux bancs, un réverbère singulier parmi quelques arbres : c'est tout ce qui fait le charme, derrière Saint-Germain-des-Prés, de la place de Fürstenberg.

dédicacées ou les myriades de reproductions miniatures, en sculpture, en stylo, en assiette, qui partent sans cesse pour les armoires à souvenirs du monde entier. Témoin tout autant de cette prééminence, le folklore qui l'accompagne dans la mémoire des Parisiens : à chaque fois que l'on évoque à nouveau ce fou volant qui dans les années 1900 crut pouvoir prendre de là-haut son envol — et un film tout à fait primitif en a conservé l'image dérisoire et tragique —, à chaque fois que le 1er avril ramène le temps des canulars — ne va-t-elle pas s'enfoncer sous terre ou glisser vers l'eau ? ! —, à chaque fois enfin que le mauvais temps et le brouillard la font disparaître hors de notre vue ; et chaque nuit, le puissant rayon du phare destiné aux avions nous fait signe à travers tous les quartiers de

Sous le regard des statues qui ornent le nouveau palais de Chaillot (1937), la « vieille dame » bientôt centenaire (1889) projette sa silhouette effilée dans le ciel de Paris. On peut imaginer le choc provoqué par ce surgissement de pur métal dans le paysage classique des bords de Seine.

L'admirable façade de l'hôtel des Invalides (**PAGE SUIVANTE**), *chef-d'œuvre de l'architecture française classique, et le dôme qui, sur l'arrière de l'édifice, surplombe l'ensemble des bâtiments.*

la ville. On en oublie que, comme le Centre Pompidou qui, à Beaubourg, lui a ravi la première place au hit-parade de ces vedettes très particulières, elle a été, lors de son édification, si violemment contestée que les artistes de l'époque avaient lancé pétition sur pétition pour que cet autre «monstre» ne vînt pas défigurer le paysage de la Seine. Elle fêtera bientôt son centième anniversaire, puisqu'elle fut construite pour l'Exposition universelle de 1889, et on en oublie aujourd'hui les beautés classiques des bâtiments de l'École militaire comme les novations architecturales de la maison de l'Unesco.

Mais c'est avec l'hôtel des Invalides qu'il faut quitter le VIIe arrondissement,

parce qu'il constitue un ensemble vraiment exceptionnel, qui a d'ailleurs été inscrit dans la liste des dix monuments français à préserver de façon prioritaire. Tout ici est parfaitement beau, depuis les fossés à la Vauban qui séparent l'hôtel de son esplanade jusqu'au dôme royal dont Hardouin-Mansart l'a coiffé après coup, avec les jardins réguliers entre les cours et, puisqu'il s'agit d'un bâtiment militaire, les différents musées, les canons, les trophées, la majestueuse église Saint-Louis, église des Soldats, où l'on commémore chaque 5 mai la mort de l'Empereur. C'est ici, en effet, dans la crypte ouverte du dôme, que Napoléon a son tombeau et le retour de ses cendres fut en 1840 une grandiose cérémonie,

digne et de l'homme et du lieu. Mais je ne sais rien de plus beau que la simple façade de l'hôtel, qu'édifia Libéral Bruant entre 1671 et 1676.

Elle avait avec les siècles pris une patine qui, mêlée à l'or, teintait la pierre d'un gris étonnant de densité plastique; il fallut, après la grande campagne du ravalement entreprise par André Malraux, s'habituer à la voir blanche, comme trop neuve soudain.

La patine est revenue, légère, et c'est un admirable spectacle que ces deux cents mètres d'harmonie aux lignes seulement ornées, autour d'un grand portail incurvé, de pilastres, d'armures et de trophées formant autant de lucarnes au-dessus des fenêtres régulières. ∎

L'hôtel des Invalides a fait une place de choix au tombeau de l'Empereur. Ici repose, en effet, Napoléon Ier, dans une crypte ouverte du dôme (PAGE DE GAUCHE). Et la silhouette du Petit Caporal veille sur la cour d'honneur... (CI-DESSUS).

Non loin des Invalides, de l'autre côté du boulevard, l'hôtel de Biron (XVIIIe siècle), dont on voit ici la façade sur le jardin (CI-CONTRE, À DROITE), fut la dernière demeure de Rodin et conserve aujourd'hui la plupart de ses œuvres achevées.

Prolongeant la perspective des Invalides, dont on distingue encore au loin le dôme, le pont Alexandre-III (PAGE SUIVANTE), le plus large de Paris, offre le témoignage charmant de ses ornements et de ses lampadaires 1900.

DE LA CONCORDE À L'ÉTOILE, c'est ici que Paris triomphe, ici qu'il exprime toute sa gloire : sur les mille neuf cent dix mètres de « la plus belle avenue du monde », dont le tracé ajoute encore tant de brillant et d'éclat aux richesses de la perspective venue du Louvre. Car, ici, tout culmine pour un prestige exceptionnel : les *must* de la vie parisienne, de Maxim's au Lido, du Crillon au Fouquet's, comme les « trois étoiles » des visites guidées, de l'obélisque à l'Arc de triomphe. Mais c'est la nation elle-même qui a élu ici domicile et, depuis bientôt deux cents ans, c'est la patrie elle-même, *la France*, qui vit et revit ici les plus grands événements, les plus importants moments de son histoire. À la Concorde, c'est la Révolution qui guillotine, et, des admirables bal-

cons des palais qui ferment la place, on peut voir tomber les têtes de Marie-Antoinette et de Louis XVI : une jolie plaque restée gravée dans la pierre rappelle que la place porta aussi son nom. Mais, aujourd'hui, ce n'est plus que pour accueillir les défilés du 14-Juillet, fête nationale, que l'on construit ici des estrades et toute l'avenue a été dévolue à ces manifestations officielles où le pays, par le truchement du gouvernement, passe en revue ses troupes. Point de départ obligé : l'Arc de triomphe, que survole la patrouille de France lâchant de ses réacteurs une fumée tricolore, l'Arc de triomphe où brûle perpétuellement la flamme dédiée au Soldat inconnu, lieu de rendez-vous solennel des Anciens Combattants venus avec toutes leurs décorations et leurs drapeaux brodés revivre jour après

jour le salut aux morts. Et sur tout le trajet, la foule regarde et admire les chasseurs alpins avec leurs chiens, les légionnaires au pas lent, les jeunes officiers de Saint-Cyr et de Polytechnique avec leurs chapeaux pointus et, curiosité nouvelle, les unités féminines. Au bas des Champs-Élysées, la tribune officielle devant laquelle l'armée passe en saluant.

De Gaulle descendit ainsi l'avenue au milieu de la liesse populaire le 26 août 1944, pour fêter la libération de Paris, avec Leclerc et tous les compagnons de sa lutte. Depuis, l'habitude s'est prise, pour l'entrée en fonction des présidents de la République, pour la réception de chefs d'État étrangers, pour l'accueil de l'équipe championne de Saint-Étienne, revenue de Glasgow battue mais glorieuse. À l'inverse, quand, le 30 mai

en remontant les Champs-Elysées...

Le plus célèbre des hauts-reliefs qui ornent les côtés de l'arc de triomphe de la place de l'Étoile : la Marseillaise, œuvre de Rude représentant le départ des volontaires de 1792. Au-delà de l'hommage *aux armées de l'Empire, c'est, en effet, toute l'histoire de la France depuis la Révolution jusqu'à la Libération qui a trouvé ici le lieu symbolique où faire flotter à jamais le drapeau national.*

76 1968, la foule vient manifester son soutien au général, c'est de la Concorde à l'Étoile que l'on remonte les Champs-Élysées; et il en ira de même deux ans plus tard, quand chacun voudra témoigner son deuil.

Mais cette voie sacrée d'un patriotisme nettement cocardier tire de tout autres atouts son prestige inégalable aux yeux du monde. Et quand, un jour quelconque de la semaine, on remonte les Champs-Élysées — tel est le sens « normal » de la visite... — c'est d'abord les grandeurs architecturales de leur perspective qui sautent aux yeux, justifiant cette gloire. Car, dans cet espace presque entièrement libre, il y a si peu de bâti : les hôtels à colonnades de Gabriel sur un seul côté de la Concorde, avec entre eux juste l'étroite enfilade de la rue Royale pour

Place de la Concorde. Au bas des Champs-Élysées, au sortir des Tuileries, cet immense espace est admirablement habité par les palais de Gabriel, l'obélisque de Louqsor et les fontaines dédiées à la navigation qui se situent de part et d'autre (PAGES PRÉCÉDENTES).

Le palais de l'Élysée, vu côté jardin, avec la grille dite du Coq. Longtemps résidence des financiers du XVIIIᵉ siècle, il est devenu le siège de la présidence de la République en 1873.

Face au Grand Palais, construit pour l'Exposition universelle de 1900, la statue de Clemenceau, le « père la victoire » de la Première Guerre mondiale, est elle aussi devenue un lieu de pèlerinage

patriotique. Nous sommes à mi-
hauteur des allées des Champs-
Élysées, dans leur partie jardin.

80

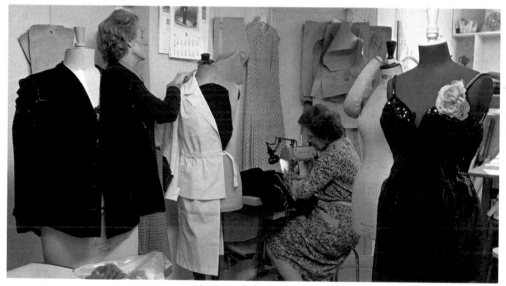

gagner le temple faussement grec de la Madeleine (mais l'effet est réussi!); et puis, mais très loin au bout de ce qui semble n'être qu'un immense jardin très dense, le resserrement d'une courte (c'est le jeu de la perspective) avenue triomphale montant à cette arche grandiose au travers de laquelle flotte souvent le grand drapeau de la France. Encadré au départ de la place de la Concorde par les deux beaux groupes sculptés des chevaux de Marly, le jardin conserve le charme désuet de petits bosquets, de petits pavillons pour des rendez-vous intimes, de petits métiers — voulez-vous des glaces? faire un tour sur un âne? voir Guignol?! et tel il fut au temps du jeune Proust. C'est d'ailleurs cette partie des Champs-Élysées qui fut la promenade à la mode, du second Empire jusqu'à la Grande Guerre.

Au Rond-Point, tout change: pleins feux sur les gloires d'aujourd'hui, avec les grands cinémas de première exclusivité, les grands cafés, les grands cabarets, les vitrines du luxe pour une *high society* tout à fait cosmopolite. Mais, à force de vouloir se targuer d'une adresse aussi prestigieuse, les banques, les compagnies d'aviation ou de tourisme, les galeries commerciales ont fini par détruire ce haut lieu de la vie parisienne. Il y a encore dix ans, on remontait les Champs-Élysées à toute heure, et de pré-

L'Arc de Triomphe dans toute sa gloire... (PAGES PRÉCÉDENTES).

Des Champs-Élysées à la Madeleine (PAGE DE DROITE), *le long du faubourg Saint-Honoré et dans toutes les rues du VIIIᵉ arrondissement, c'est le règne de la haute couture, des boutiques de mode* (CI-DESSUS), *des adresses prestigieuses pour élégants et femmes du monde. Un nom symbolise cet empire: Dior* (CI-CONTRE).

férence sur le trottoir de droite, le plus riche et le plus animé (rappelez-vous le boulevard Saint-Michel, où le même phénomène joue... dans l'autre sens !). Aujourd'hui, quand ferment les bureaux et les offices qui ont envahi l'avenue, elle n'a plus pour la nuit que son standing dès lors un peu froid, tous les étages dans le noir et les trottoirs peu à peu déserts entre quelques taches de lumière. C'est dommage...

Reste un quartier riche de belles artères et de somptueuses boutiques, fort agréable à traverser, mais où tout est trop vaste pour que l'on s'y sente à l'aise quand on veut flâner. Ce monde-là, construit d'ailleurs sous le second Empire, n'est pas fait pour les promenades pédestres — et c'est en voiture que l'on appréciera la belle ordonnance des douze lar-

ges avenues qui rayonnent à partir du rond-point de l'Étoile, les unes allant vers un tissu urbain plus serré et les autres découvrant un horizon plus dégagé parfois empli d'arbres. L'Arc lui-même, autour duquel s'est organisé leur échelonnement, offre ainsi, aux bonnes heures du trafic, l'occasion de tours de manège assez originaux ! Sous le regard enflammé de la République de Rude, dont le groupe de *la Marseillaise* orne l'un des côtés du monument.

Plus loin, le parc Monceau veille discrètement, bordé des collections extrême-orientales du musée Cernuschi, sur quelques îlots à la distinction et au calme dignes d'une belle ville de province. Plus loin encore, le quartier de l'Europe, dominant le pittoresque des voies de chemin de fer de Saint-Lazare, donne à rêver au

passant imaginatif qui regarde les plaques des rues : de Madrid, de Naples, d'Édimbourg, de Stockholm, etc., quelles adresses ! Mais, dès que l'on s'éloigne des Champs-Élysées, le VIIIe arrondissement n'est plus, malgré tout, que l'illustration, hélas ! exemplaire, de ce qu'il y a de moins intéressant du côté « rive droite » : de vastes boulevards très « chics », Haussmann ou l'aubourg-Saint-Honoré, entourant des blocs de rues et d'immeubles également insipides dans la monotonie sans relief de leurs imposantes proportions. Il y a effectivement peu d'esprit là-dedans... Mieux vaut redescendre vers la Seine, sur l'autre côté des Champs-Élysées, pour retrouver entre l'avenue George V et l'avenue Montaigne un peu de cet « air de Paris » qu'il fait si bon humer aux terrasses des cafés. ∎

Offertes jadis à la Ville par un milliardaire américain amoureux de Paris, les fontaines Wallace (PAGE SUIVANTE) étaient destinées à four- nir aux passants une précieuse eau potable. Elles ne sont plus aujourd'hui qu'un signe nostalgique renvoyant, avec les vieux réverbères de la capitale, à d'autres temps peu à peu disparus...

LARGISSANT RÉGULIÈREMENT LES CERCLES où se sont définis ses agrandissements successifs, Paris continue de tourner sur lui-même — et nous avec lui, désormais pris entre ces deux enceintes que forment, suivant le tracé des anciens remparts, les lignes toujours circulaires des grands boulevards, où se ferme le premier cœur de la ville, et, parallèle plus lointaine, d'autres boulevards aussi vastes et davantage tournés vers la périphérie. Moitié dans la plaine qui prend fin, moitié sur la pente qui mène vers les buttes, voici donc venir à notre rencontre le IXe, arrondissement composite, qui joue un peu les intermédiaires entre les beaux immeubles encore chics du VIIIe et les concentrations franchement populaires du Xe et du XIe. Mais ce lieu de transition est à Paris ce qui évoque le plus la légendaire *City* de la métropole rivale...

Naturellement, c'est une *City* à la française ! et bien des ingrédients inattendus s'y mélangent en un cocktail bizarre, que la formidable animation du quartier rend tout à fait acceptable. Mais, au voisinage du boulevard Haussmann et de la rue Lafayette, qui l'un et l'autre revêtent plus loin une coloration fort différente, le IXe est un vrai quartier d'affaires. Et les plus sérieuses qui soient : les banques, les compagnies d'assurances, le grand commerce des pierres précieuses et des objets d'art. Les grandes centrales syndicales, d'importants quotidiens *(le Monde...)*, l'hôtel des Ventes ont élu ici domicile, sans déparer cette *City* dont le sérieux s'affiche en quelque sorte tout au long de ses artères : rien qui vienne égayer la sévérité sans ornements des lourds immeubles, la discrétion feutrée des circulations internes, le style uniforme des hommes qui, employés ou patrons, ont en charge cette énorme machine financière. Certes, la fantaisie ornementale du siège de la Société générale ou de l'éblouissante Maison Dorée aujourd'hui dévolue à la Banque Nationale de Paris (B.N.P.), tranche dans son exubérant éloge architectural du capital, mais ce sont là des exceptions tout à fait singulières dans un périmètre où tout se traite à l'abri des murs épais et souvent derrière de fortes grilles ; les joailliers, même, sont en étage et personne ne les voit extraire, avec quelle lente délicatesse, les saphirs et les rubis dormant dans le papier de soie, comme les billets et les actions qu'on examine à côté dans un

un air d'Opéra

Les toits de l'Opéra. Égalant en hauteur Notre-Dame, le temple de l'art lyrique semble, avec sa perspective, parler d'égal à égal avec la basilique du Sacré-Cœur.

silence identique. À côté, pourtant, un autre monde aussi développe son emprise — et elle n'est faite que de bruit, de lumière, de foule, d'agitation incessante et toujours renouvelée : Noël et ses guirlandes électriques magnifiant les arbres du boulevard Haussmann, janvier et le blanc, les collections d'été, les soldes, les occasions ne manquent pas pour transformer les vitrines et faire affluer les chalands.

C'est ici le centre commercial de la capitale, le point névralgique où des dizaines et des dizaines de boutiques s'alignent et s'entassent, avec les mêmes robes par centaines, autour des piliers de cette foire permanente que sont les grands magasins du Printemps et des Galeries Lafayette : gigantesques immeubles pour tout vendre à tout le monde, débordant sur les trottoirs, provoquant des embouteillages monstres de voitures... et de piétons ! Un tel contraste est bien caractéristique de ces quartiers. Et pour le rendre plus saisissant encore, on n'aurait garde d'oublier les prostituées voluptueuses qui campent jour et nuit, et au milieu même de cette agitation frénétique, le long des rues marchandes, contre les vitrines, appuyées aux voitures, dans une attente imperturbable. Ainsi en va-t-il rue de la Chaussée-d'Antin, royaume du prêt-à-porter après avoir été l'une des adresses les plus chic du Paris romantique : elle s'achève sur l'église de la Trinité — car il y a aussi des églises dans le IX\(^e\), celle-là majestueuse, mais d'autres sont plus jolies, telle Notre-Dame-de-Lorette. Plus haut, dans une perspective un peu décalée, on rejoint le Casino de Paris ; la place Clichy n'est pas loin et tous les mauvais cabarets du bas de Pigalle. La Nouvelle Athènes, qui fut le cadre du renouveau intellectuel et artistique de la fin du XIX\(^e\) siècle, un cadre encore plein du charme d'une élégance désuète, est envahie par le strip-tease, et, de fait, dévoyée. Car, si la haute finance est la grande affaire du IX\(^e\), il n'en est pas moins un quartier où il fait bon « rigoler » dans les pâtisseries orientales, les bistrots à frites, les petites boîtes déjà bien louches — mais avec aussi, quand même, beaucoup de vrais théâtres... Et puis, curieusement proches, les deux temples de la nuit parisienne, donc du monde entier, puisque telle est notre réputation ! Et seule leur gloire rapproche, en effet, les Folies-Bergère, dont il est inutile de présenter les danseuses froufroutantes et nues, et le Palace, caravansérail à la dernière mode où les jeunes banlieusards s'écrasent pendant que, à côté, les touristes vieillots ouvrent de grands yeux devant « Folie, je t'adore »...

Oublions tout cela pour le seul monument authentique de l'arrondissement : le théâtre de l'Opéra, superbe édifice dont la visite vaut bien un spectacle. Conçu par Garnier sous le second Empire, il offre l'image familière de sa façade richement décorée au fond d'une perspective ouverte pour lui. Arcades, colonnes et loggia où brillent les lumières des grandes soirées, groupe sculpté de *la Danse*, bustes des musiciens, sous un large dôme de bronze, oui, cette façade est à elle seule un spectacle, qui se poursuit à l'intérieur, avec le grand escalier de marbre blanc, l'immense foyer (encore des colonnes et des peintures), la salle elle-même, toute d'or et de rouge, où il faut prendre le temps de contempler au-dessus de soi un lustre grandiose sous un plafond de Chagall avant que l'obscurité ne se fasse pour détourner l'intérêt vers le corps de ballet, là-bas, sur la scène...

Au dehors, la vie continue et, toutes les deux heures, tant est importante la pollution des gaz d'échappement, les policiers se relaient pour faire circuler une foule sans fin, comme agglutinée sur ces grands boulevards venus de la Madeleine et qui suivent leur chemin, ayant passé l'Opéra, vers la République, la Bastille, et jusqu'à la Nation. ∎

L'Opéra en détails : le célèbre groupe de Carpeaux, la Danse, dont la sensualité éclate sur la façade (CI-CONTRE) ; *le grand escalier, qui mène à la salle, magnifique envolée de marbre qui s'adapte parfaitement aux grandes soirées.*

L'Opéra toujours (PAGE SUIVANTE), *avec le nouveau plafond dû à Chagall, qui domine depuis 1964 la salle par-dessus le grand lustre traditionnel.*

Le photographe a raccourci la perspective de l'avenue de l'Opéra, et, de cette façon, le théâtre (PAGES PRÉCÉDENTES) *en constitue avec encore plus d'évidence l'achè-* *vement. C'est, de plus, le meilleur moyen de mettre en valeur les colonnes du premier étage ainsi que le fronton qui, au-dessus du dôme, encadre la scène. Et Apollon brandit sa lyre sur le tout...*

« J'AIME FLÂNER SUR LES GRANDS BOULEVARDS, il y a tant de choses, tant de choses à voir ! »... chantait Yves Montand dans les années 50 — et cette chansonnette renvoyait à une autre, familière rengaine d'avant la guerre : « Le samedi soir, après le turbin, l'ouvrier parisien... » C'est là l'écho, et la persistance, d'une vogue qui s'affirme dès le XVIIIᵉ siècle : les boulevards sont alors une des belles promenades plantées d'arbres de la capitale. Avec le XIXᵉ siècle, ils deviennent l'endroit d'élection des restaurants et des cafés à la mode, puis il glissent peu à peu vers le café-concert et la distraction plus populaire du samedi soir. Aujourd'hui ils sont toujours aussi courus et l'évolution des goûts et des publics se manifeste dans les nuances du parcours.

De la Madeleine à l'Opéra, le boulevard de la Madeleine puis celui des Capucines ont tout à fait conservé l'atmosphère luxueuse du siècle dernier, avec leurs commerces élégants, leurs grands immeubles pour sociétés de prestige et, au pied de l'Opéra, fastueuse vitrine du Grand Hôtel, le café de la Paix dont la rénovation a su protéger les atours délicieusement « rétro ». De l'autre côté de l'Opéra, le boulevard des Italiens, davantage abandonné aux cinémas et aux pseudo-drugstores, garde néanmoins le même climat d'une richesse de bon ton ; mais les beaux cafés à l'ancienne ont tous disparu, seul demeure, un peu en retrait du boulevard, le bâtiment massif de l'Opéra-Comique et tout cède la place aux parkings et aux anonymes bureaux de béton.

Le carrefour Richelieu-Drouot marque le tournant des boulevards — et le virage existe, mais c'est encore dans l'ambiance que cela est le plus sensible. Montmartre, Poissonnière, Bonne-Nouvelle, et puis Saint-Denis et Saint-Martin redescendant vers la République, ce sont bien là les boulevards de la chanson, le domaine privilégié du peuple de Paris qui y traîne toujours en foules turbulentes. Quelques théâtres, beaucoup de cinémas pornographiques et de brasseries déversant leur néon sur les trottoirs. Mais c'est beaucoup plus sur les boulevards eux-mêmes que ce perpétuel va-et-vient cherche sa satisfaction, beaucoup plus que dans toutes les salles dont les lumières et les invites servent surtout à réchauffer l'atmosphère et à nourrir l'animation du quartier. Ici, les soirées

sur les grands boulevards

L'autre gloire du IXᵉ arrondissement... Derrière cette façade délicieusement 1925, les danseuses nues et les tableaux exotiques continuent de faire courir le monde entier pour des revues dont les titres sont toujours de treize lettres. Superstition oblige...

du week-end sont traditionnellement le moment fort de la semaine : tout se bouscule alors, voitures, piétons, ceux qui sont déjà gris, ceux qui arrivent, à l'entrée, à la sortie de tous ces lieux de « plaisir ».

Inévitablement, revoici les dames de petite vertu, autour des deux belles portes triomphales, porte Saint-Denis et porte Saint-Martin, dédiées à Louis XIV, dans le périmètre fameux de Strasbourg-Saint-Denis, sur ce chemin descendu des gares et destiné aux Halles où tout s'arrête à la croisée d'un territoire très particulier que Henry Miller a lui aussi célébré. Et il est vrai que, dans la perspective des rues étroites aussi bien qu'à la pleine lumière des grandes artères, c'est un étonnant spectacle, tout universel qu'il soit, de voir ainsi exposées tant de filles étranges aux mille costumes accrocheurs, du décolleté de la vamp à la peau de panthère des amazones exotiques, en un incroyable mélange d'âges, de styles, d'allures, que traverse un double courant d'hommes,

Paysages des grands boulevards, en deçà de la porte Saint-Denis (PAGE DE DROITE). La foule, les vitrines, les enseignes... et une de ces colonnes Morris destinées à l'an-nonce hebdomadaire des concerts et des spectacles, qui font partie du patrimoine de la capitale (CI-CONTRE, À GAUCHE).

tantôt voyeurs à l'abri de leurs voitures, tantôt paumés arrêtés tout auprès dans leur impossible désir de communication.

Et puis, comme en un fondu de cinéma, tout s'estompe dès le boulevard Saint-Martin pour ne plus laisser, vers la place de la République, qu'une nouvelle et vaste implantation d'artisans et de magasins ; ils n'avaient pas disparu mais, rejetés sur les arrières de Saint-Denis avec les marchés et les passages, les revoici occupant les trottoirs surélevés (souvenir des anciens remparts) avec la sérénité tranquille que donne, malgré tout autant d'agitation, une pensée, une action uniquement mues par le travail (toujours la confection). La place de la République, qui est au cœur de ce quartier, doit son nom à l'immense statue de bronze vers laquelle convergent régulièrement les grandes manifestations du peuple ouvrier, le 1er Mai bien sûr, mais aussi à chaque affirmation de ses revendications sociales ou politiques.

Et de la République à la Bastille, sur le trajet qu'épousent fidèlement ces défilés, les grands boulevards du Temple, des Filles-du-Calvaire et Beaumarchais achèvent ce périple parti du pays des riches dans l'univers typiquement parisien des petites gens. Si la « Bastoche » a été aujourd'hui investie par d'impressionnants rassemblements de motards, elle reste cependant le royaume des titis et des gavroches — et le temps du « Balajo » et de ses javas pour mecs à la redresse au son des accordéons n'est pas si loin... C'est ici, avec tout le XIe des boulevards Richard-Lenoir et Voltaire, le vrai Paris populaire, avec son accent, son argot, ses traditions et ses artisans, ses braves gens et ses voyous. Le génie ailé de la Liberté domine tout cela du haut de sa colonne, souvenir de la révolution de 1830 ; mais, de l'autre Révolution, celle qui s'enflamma, un certain 14 juillet, à la prise d'une forteresse symbolique où ne se trouvaient plus que quelques prisonniers oubliés, il ne reste aucune trace, pas le moindre vestige, pas une pierre. Le nom de la place, et c'est tout...

Une écluse en plein Paris, c'est le canal Saint-Martin : un univers encore préservé au milieu des trafics de la ville, pour sauvegarder le rythme différent de l'eau, de la lumière, des ponts et des promeneurs (PAGES PRÉCÉDENTES).

Les pôles d'attraction de l'est de Paris : place de la République, bois de Vincennes, place de la Bastille (SUCCESSIVEMENT DE GAUCHE À DROITE).

Par d'autres boulevards, vastes aussi mais plus anonymement commerciaux — même si le quartier Saint-Antoine reste voué aux meubles et au travail du bois qui ont fait depuis des siècles sa réputation, on peut encore poursuivre la promenade et gagner plus loin la dernière grande place de Paris : la Nation, très représentative elle aussi de l'esprit de la IIIᵉ République avec, en son centre, ce *Triomphe de la République,* justement, où se prolonge la mythologie laïque déjà perceptible dans les statues rencontrées sur les places précédentes. Mais, puisque le XIIᵉ arrondissement est, dans la spirale de la ville, le premier à toucher directement la banlieue, tournons le dos

à Paris pour apprécier cette autre perspective monumentale qui, bien encadrée par les hautes colonnes de l'ancienne barrière du Trône, fait porter notre regard loin en avant sur Vincennes, son cours, son château et le grand bois de l'Est parisien où s'est désormais repliée la foire du Trône, anciennement foire aux pains d'épice et incomparable fête foraine qui vivait il y a quinze ans encore sur cette place de la Nation. Depuis, le XIIᵉ n'a plus que le charme comme abandonné de ses arbres, de ses autres places, de son calme quasi-provincial : en nous ramenant à la Seine, il nous fait, en effet, entrer dans le monde des villages de Paris, et il est le premier d'entre eux. ∎

... Et tournent les chevaux de bois. Paris est encore friand de fêtes et de foires : toute l'année durant, les squares et les places retentissent ainsi de l'écho de la plus belle foire qui soit, la foire du Trône, aujourd'hui en exil dans le bois de Vincennes **(PAGE SUIVANTE).**

VEC LES NEUF ARRONDISSEMENTS PÉRIPHÉRIQUES, l'inventaire de Paris touche à sa fin. À partir du XIIᵉ, qui est à cheval sur les enceintes successives des Fermiers-Généraux (1784-1791) et de Thiers (1841-1845), le colimaçon de la ville vient buter sur ses limites extérieures, telles que les définit aujourd'hui la « petite ceinture » des boulevards des Maréchaux. La capitale a atteint ses dimensions définitives et une ligne spéciale d'autobus, la seule à avoir gardé une appellation par lettres : le P.C., fait le tour complet de ce périmètre de 36 kilomètres parsemé régulièrement d'une trentaine de portes qui rappellent le temps des octrois où tout le trafic des marchandises était soigneusement contrôlé comme à autant de vraies frontières. Aujourd'hui, le passage est libre

— et même, on ne distingue pas vraiment ces quartiers à forte densité d'habitations des zones limitrophes d'une banlieue également envahie par les H. L. M. et les supermarchés.

Mais, en 1860, quand le gouvernement de Napoléon III décida d'annexer purement et simplement à Paris une large partie des communes environnantes, il n'en allait pas de même. Les barrières, terme évocateur qui n'a survécu qu'en province (à Bordeaux par exemple), se trouvaient sur le pourtour des arrondissements centraux, marquées par une remarquable série de pavillons à l'antique dus à Ledoux, le visionnaire d'Arc-et-Senans. Elles indiquaient très clairement *les limites* de la ville : le reste alentour, ces futurs arrondissements où l'indice de la superficie bâtie est maintenant si élevé,

c'était la campagne — des villages, mais aussi de grandes étendues cultivées ou boisées, avec de rares fermes, des espaces incultes et neutres, des carrières. Si bien que, fonctionnant comme la réserve d'air pur nécessaire à toute capitale, toute cette ceinture champêtre était naturellement devenue un but de promenades ou le lieu de résidences secondaires avant la lettre.

Les villages furent dévorés par la Ville. Et comment se souvenir aujourd'hui qu'on allait « aux champs » à Auteuil ? Certes, le Petit-Montrouge garde dans son nom même la trace de sa parenté et Saint-Mandé n'a pas changé en venant en partie agrandir le XIIᵉ. Mais tout de même ! Il faut, par-delà ces exceptions, s'accrocher très fort à l'Histoire pour apprécier, dans tous ces quartiers, la

anciens villages, villes nouvelles

Dans les villages du sud de la capitale, on peut encore trouver ce rare trésor au siècle de l'urbanisation à outrance : une baraque en planches enfouie dans la verdure d'une « cité »...

persistance d'un autre esprit, la permanence d'un caractère « villageois », une dimension différente de la vie.

Dans le XIIe, que nous avons déjà parcouru, on trouve effectivement quelques rares « oasis »; mais il faudrait pouvoir passer de l'une à l'autre les yeux fermés...! si l'on ne veut pas que soit rompu ce charme fragile des choses qui survivent, tels des vieillards oubliés. Ainsi, bien qu'il soit dorénavant bordé d'un immense immeuble « de grand standing » qui l'écrase de sa haute masse en surplomb, le marché de la place d'Aligre garde toute la fraîcheur de ses étals divers, aliments, fleurs et brocante familière; et l'on peut encore, si l'on maintient son regard obstinément au niveau des hommes, se promener entre son pavillon ancien et ses bistrots tout simples — et ne recueillir que les bruits légers d'une bourgade animée. Pour peu qu'il en soit l'heure, sautons, à quelques centaines de mètres de là, dans le « Train Bleu » : il n'est pas besoin de prendre le Mistral ou le T.G.V. pour partir, et, mieux encore, remonter le temps; avec ses rideaux brodés, ses hauts plafonds copieusement sculptés et la merveilleuse naïveté des panoramas méditerranéens peints sur ses murs par des artistes alors célèbres, ce restaurant nous ramène en 1901, date exacte de son inauguration. Les tables et les banquettes n'ont pas changé... les maîtres d'hôtel en habit, les garçons en veste blanche, la dame des toilettes avec son strict tailleur noir ne sont-ils pas eux aussi les mêmes ?

Il faut à présent franchir de nouveau la Seine pour parcourir avec une inévitable nostalgie, car le contraste des transformations est trop radical, les villages suivants, qui couvrent tout le sud de Paris à travers les XIIIe, XIVe et XVe arrondis-

sements, jusqu'à la Seine encore, dans la courbe la plus large de la ville. Et tout ici sera semblable, comme si l'on ne faisait que visiter à la suite une série de villes moyennes aux caractéristiques identiques : de larges artères commerçantes, très passantes, encadrant des blocs de rues moins importantes qui constituent à l'intérieur de chaque quartier autant de petits univers tout à fait provinciaux, avec leur square souvent doté d'un kiosque désuet pour des concerts de fanfares comme on les aimait jadis, leur marché deux ou trois fois par semaine. On y voit aussi des églises « médiévales » de la fin du XIXe siècle et des mairies issues du même moule 1880, reproduisant dans chaque arrondissement, mais à moindre échelle, les fastes architecturaux, imités de la Renaissance, de l'Hôtel de Ville. Les vagues successives des démolitions, pour céder de plus en plus de place à la circulation automobile autant que pour les énormes bénéfices des opérations immobilières, ont pratiquement tout submergé de ces anciens villages; et bien souvent, là aussi, il ne reste que des noms : la Poterne-des-Peupliers ou la Butte-aux-Cailles dans le XIIIe, Port-Royal et Plaisance dans le XIVe, Vaugirard, Grenelle, en souvenir des communes annexées pour former le XVe.

Au pied même des buildings, dans une espèce de bric-à-brac d'édifices où les jardinets de pavillons anachroniques se mêlent confusément aux maisons banales de l'entre-deux-guerres, l'atmosphère traditionnelle de ces quartiers simples résiste vaillamment, comme si chacun avait pris conscience de la nécessité de sauvegarder ces îlots où l'on peut encore croiser ses voisins au rythme normal de la vie et se croire vraiment avec eux l'habitant d'une agglomération bien identi-

fiée. Les squares et les marchés jouent là un rôle énorme, jusque dans leur rivalité : qui se sert rue Lecourbe jugera de haut la rue du Commerce ! À 500 mètres de distance, on change de monde... et c'est ainsi que se compense la déshumanisation constante d'un centre-ville anonymement consacré à des bureaux de béton où il faut bien se rendre pour travailler.

Dans cette succession de petits ensembles imbriqués les uns dans les autres de la Seine à la Seine encore, peu de choses tranchent sur la continuité du style. Les monuments sont rares quoique fort beaux : n'est-ce pas encore Libéral Bruant, auteur des Invalides, qui a édifié la chapelle de l'hôpital de la Salpêtrière ? Et Perrault, l'un des architectes du Louvre, l'Observatoire ? Restent aussi quelques bâtiments de la manufacture des Gobelins et de l'abbaye de Port-Royal. Dans le XVe arrondissement, pourtant le plus étendu, rien... sinon, comme ailleurs, des villas tranquilles où se cachent d'agréables habitations et des cités d'artistes sur lesquelles rejaillit la gloire contemporaine de l'école de Paris.

Qui dit école de Paris dit en effet Montparnasse — et c'est bien le seul carrefour de toute cette zone qui puisse rivaliser avec Saint-Germain, les Champs-Élysées ou Montmartre. En suivant l'axe qui y mène depuis les portes de la ville, on trouve d'abord, face à la Cité universitaire, intéressante par la double bigarrure de ses pavillons et de ses habitants, le parc Montsouris, auprès duquel déjà nombre d'artistes ont vécu, Braque par exemple. Créé au siècle dernier, il ne vaut guère, dans son ordonnance artificielle, que par la variété des espèces végétales que l'on y trouve et par le calme qu'il offre face aux espaces aérés de toute sorte qui longent continûment les boulevards de ceinture, parcs encore, terrains de sport ou petits cimetières. Prolongeant la verdure de Montsouris comme un beau mail provincial, l'avenue René-Coty rejoint, plus près du centre, la place Denfert-Rochereau, où trône le lion de Bartholdi, figure centrale d'un ensemble très attachant, avec ses pavillons de Ledoux, ses squares, l'animation familière des rues avoisinantes. Et c'est là, parmi d'autres avenues, que s'amorce le boulevard Raspail, véritable voie des artistes qui, de l'École d'architecture et de l'American Center à la statue de Balzac par Rodin, mène en plein cœur de Montparnasse : carrefour

Montparnasse. Le temps semble avoir catapulté dans ce court espace les visions successives de la ville : les coins champêtres du XIXe *siècle encore préservés* (PAGE DE DROITE, EN BAS), *les rendez-vous à la mode de 1925* (CI-DESSUS) *et la tour érigée en plein cœur du quar-* *tier* (PAGE DE DROITE) — *200 mètres de verre fumé, que seules pardonnent les lumières de la nuit.*

Vavin... C'est là qu'ont vécu et les révolutionnaires d'avant 14 et la bohème géniale des années folles, Lénine et Modigliani, Cendrars, Miller, Hemingway, Foujita, Pascin, Kandinsky et tant d'autres qui firent de la Rotonde, de la Coupole, du Dôme le rendez-vous mondial des bouleversements esthétiques. Que d'histoires échevelées pour tant de jours de rencontres passionnées et de nuits débridées ! La guerre fit disparaître artistes et modèles, mais Montparnasse, après un long purgatoire d'une vingtaine d'années, retrouve un peu de cette ambiance bruyante et populaire avec la résurrection de ses terrasses et la multiplication, autour d'une tour incongrue de plus de 200 mètres de hauteur, des magasins les plus divers. Et puis, dans le plus grand périmètre du quartier, il y a encore Bobino, la Closerie des Lilas — et aussi le beau cimetière où repose Charles Baudelaire...

Une fois de plus, tout aboutit à la Seine, qu'il faudra franchir (une dernière fois !) pour atteindre les autres villages de la ceinture de Paris. Là, comme en symétrie avec le secteur de la place et de l'avenue d'Italie où l'on a entassé sans répit depuis 1970 une masse d'immeubles à peu près uniformes dans le gigantisme — c'est, paraît-il, un aperçu du Paris du XXIe siècle... —, le « front de Seine » étale des façades identiquement mégalomanes, quoique mieux diversifiées dans les matériaux et les couleurs. Dans ce « quartier pilote », où les structures du centre Beaugrenelle sont censées recréer les conditions de la vie ancestrale à grands coups d'escaliers, d'arcades en toc et de mini-magasins, il est bien question d'évoquer encore les simples villages du sud de Paris ! Mieux vaut traverser... ∎

Paris « à l'américaine » : la maquette de la statue de la Liberté, offerte en remerciement pour l'œuvre de Bartholdi qui trône à l'entrée du port de New York, aujourd'hui rejointe par les buildings du front de Seine (PAGE SUIVANTE).

ÉNURIE DES LOGEMENTS, hausse
vertigineuse des prix, inextensi-
bilité du XVIᵉ arrondissement,
autant de facteurs qui expliquent l'unifor-
misation actuelle des loyers dans Paris.
Le VIIᵉ du Champ-de-Mars, le VIᵉ du
Luxembourg, voire le VIIIᵉ et certaines
parties du XVIIᵉ, ont ainsi rejoint le XVIᵉ
en tête de liste du prix au mètre carré.
Mais rien n'y fait, il flotte encore et
toujours une aura particulière autour de
ces deux villages d'Auteuil et de Passy
dont la jonction a fait le XVIᵉ arrondissement. Le XVIᵉ, c'est encore et toujours
ce qu'il y a de plus riche et néanmoins
de plus élégant, de plus bourgeois et en
même temps de plus aristocratiquement
distingué, c'est bien sûr le snobisme, la
prétention, le tape-à-l'œil. Mais c'est le
XVIᵉ! Et cette prééminence, même les

P. T. T. l'ont reconnue, puisque c'est le
seul arrondissement de Paris à bénéfi-
cier de deux codes postaux : 75016 et
75116...

Le site, déjà, est des plus agréables :
deux collines entre la Seine et le bois de
Boulogne, avec une pente assez douce du
côté d'Auteuil, plus rude pour gagner
Passy... ou l'Étoile par Chaillot, ce troisième hameau que l'on oublie toujours
pour ne penser qu'à son théâtre (le désormais légendaire T. N. P. — Théâtre national populaire — de Gérard Philipe et de
Jean Vilar) et à ses musées. Et pourtant,
de ce côté-là, le quartier ne manque pas
non plus d'allure, avec le grand luxe de
l'avenue Victor-Hugo, immeubles et boutiques coûteuses, et surtout de l'avenue
Foch, où le suprême chic consiste à
ne considérer que le côté soleil... Ici

d'ailleurs, les prostituées que l'on croise
depuis les alentours de l'Étoile sont aussi
les plus élégantes de Paris.

Revenant vers Passy, l'on retrouve le
même univers d'hôtels particuliers ou de
petits immeubles avec leurs propres jardins, tout le long d'autres avenues confor-
tables richement plantées d'arbres. Tout
est chic ici et de bon goût, mais plus
tourné vers l'intérieur pour des réceptions, des cocktails, des dîners mondains
où l'on reste *entre soi...* même si les heureux propriétaires de ces havres ne dédai-
gnent pas aller eux-mêmes, en toute sim-
plicité, faire la queue pour remplir des
bidons ou des bouteilles non consignées
de la véritable eau de source du square
Lamartine. C'est avec une égale simpli-
cité que leurs épouses, leurs filles char-
mantes, leurs amies parcourent la rue de

de Grenelle à Passy

*Édifiés en même temps que le
palais de Chaillot, le musée d'Art
moderne de la Ville de Paris et le
palais de Tōkyō témoignent comme
lui de l'esthétique à la mode en
1937; un art monumental, qui
paraît bien vain de nos jours.*

mes inspirés du cubisme et régis par une audacieuse sobriété de lignes. Auteuil enfin, c'est le royaume privilégié de Guimard — et la rue La Fontaine, toutes les artères environnantes exposent encore les enchantements fous de l'Art Nouveau, tel que l'a mis en œuvre son plus génial interprète, rompant avec toute géométrie au profit d'entrelacs, d'ornements, de vitraux, de balcons délicieusement torturés. Les plaques des rues elles-mêmes, comme le firent à l'époque les entrées du métro, participent de cette fête unique...

Tel est le XVIᵉ, sur fond de Bois. Car, une fois franchies ses limites, sur lesquelles dorment les ultimes et les plus riches demeures des privilégiés, le bois de Boulogne est comme un arrondissement à lui tout seul et qui, si l'on excepte quelques édifices destinés au public, n'est qu'arbres, pelouses et lacs, étendus jusqu'au prochain méandre de la Seine que l'on retrouve à son orée. Parc immense donc, qui revêt le double visage des distractions familiales et « honnêtes » — cela c'est pour le jour et plus encore par beau temps — et de cette recherche effrénée du « plaisir » dont il est, la nuit, le plus grand terrain d'expression. Dans la journée donc, le Bois appartient aux

sportifs, élégants, du Racing ou aux gymnastes anonymes, aux mamans venues promener bébé, aux amateurs de roses, de chevaux, de canotage — et, le dimanche, aux familles pour des pique-niques sans façon et de joyeuses parties de ballon. Les automobilistes, à ces heures, ne font que passer, vite, profitant des routes express que l'on a tracées à travers les plantations et, s'ils commencent à ralentir lorsque la nuit tombe, c'est que les embouteillages quotidiens aux sorties de Paris n'épargnent pas le Bois. Mais, plus tard, c'est une tout autre circulation qui envahit les allées : les voitures sont revenues à la vitesse moyenne du piéton — pour examiner à loisir les ombres féminines arrêtées sur le côté, avec des éclairs de chair nue sous leurs manteaux ; d'autres voitures, elles aussi arrêtées, noires, silencieuses, sont presque inquiétantes, dans cette tension vers on ne sait quel fantasme. Les phares trouent ainsi la nuit où tout est mensonge, les « clients » dissimulés, les policiers en civil, les femmes qui ne sont que des travestis aujourd'hui brésiliens... Mais, demain matin, tout sera à nouveau limpide dans la claire lumière du soleil à travers les arbres.

■

*Sur les quais de la Seine (**PAGE SUIVANTE**), il reste encore un peu de place pour les promenades romantiques entre les péniches et les arbres des berges aux pavés anciens. Mais les gratte-ciel veillent, et se rapprochent...*

QUE L'ON VIENNE DU XVIe OU DU VIIIe, la place de l'Étoile (qui porte aujourd'hui le nom de Charles de Gaulle) permet, par ce qui reste d'avenues disponibles, de descendre vers le XVIIe : ils sont en effet trois arrondissements à se la partager, mais c'est encore lui le moins bien loti. Car, mis à part l'avenue de la Grande-Armée qu'il partage avec le XVIe et dont la longue ligne droite relance au-delà de l'Arc de triomphe la perspective sur la Défense, mis à part aussi le début de l'avenue de Wagram qu'il partage cette fois avec le VIIIe et qui vient buter, rapidement mais joliment, sur un rond-point couvert de fleurs, les avenues qui sont à lui, Carnot ou Mac-Mahon, ne débouchent que sur de banals entassements d'immeubles pour gens aisés.

S'étendent alors des quartiers qui furent eux aussi des villages, Ternes, Batignolles, mais rien n'en a ici conservé le souvenir ; et seuls quelques prolongements naturels du XVIe ou du VIIIe adoucissent un peu l'impersonnalité d'un secteur qu'est venue, malgré tout, ranimer l'édification, à la porte Maillot, d'un vaste et luxueux palais des Congrès entouré de palaces modernes du même genre. En arrière-plan du parc Monceau, les environs du boulevard Malesherbes retiennent certes un peu de la verdure, de la disposition aérée et encore provinciale des artères où finit la plaine ; mais, comme pour le quartier Saint-Ferdinand qui, de l'autre côté de la Grande-Armée, fait face aux dernières rues du XVIe, le charme est ici éventé et, malgré le vivant commerce de la rue de Lévis, c'est la

sécheresse qui domine nettement dans l'atmosphère de ces quartiers anonymement fortunés.

Plus loin, heureusement, une fois passé le chemin de fer de Saint-Lazare, la deuxième ceinture de grands boulevards, celle qui délimite de ce côté aussi de la ville les arrondissements périphériques, retrouve son entrain et sa vigueur ; rien de plus normal : le XVIIIe est tout proche. Cette ligne de vie était, en effet, restée bien pâle dans la distinction affectée de l'avenue Wagram, puis du boulevard de Courcelles. Ici, elle retrouve sa raison d'être et ne se perdra plus au long de tous les boulevards qui ramènent à la Nation dans le défilement continu des trois derniers arrondissements de la capitale. Fini le tourisme académique ! On ne rencontrera aucun monument classique

les hauteurs de Paris

Montmartre. La fête des vendanges s'est perpétuée sur la Butte, en souvenir du temps où la commune était vraiment libre (avant l'annexion de 1860 à la capitale), un temps où Montmartre n'était que vignes et campagne, moulins et chapelles.

dans cette zone populaire où les guinguettes et les échoppes ont toujours fleuri entre les carrières et les champs. Mais quel prodigieux foisonnement de types humains, de mœurs, de sites même ! C'est que la route court maintenant au pied des vraies hauteurs de Paris, celles que l'on aperçoit de loin quand on arrive du sud ; et, à les gravir, on ne se rassasiera jamais des perspectives ouvertes sur le vaste horizon urbain, ni de la réelle fraîcheur d'une nature encore vivement présente, ni surtout de découvrir enfin une ville authentique où se mêlent sans souci du regard d'autrui les activités les plus diverses et les zones les plus contrastées. C'est peut-être bien ici que le grouillement de la métropole est le plus identifiable, le mieux caractérisé.

Le boulevard des Batignolles, où s'achève le XVIIe, appartient déjà à cet autre univers qui se déploie vers Clichy et Saint-Ouen dans de longs faubourgs populeux étendus sur le versant extérieur de Montmartre : la Fourche, la rue Ordener, Marcadet-Poissonniers, Château-Rouge marquent, entre autres jalons, un vaste quartier qui rejoint, par-delà les limites de la ville, le multiple marché aux Puces, pour une même animation colorée et débordante. Mais c'est place Clichy, avec son ancienne statue (la chose est systématique : toutes les places importantes du Paris populaire

*À plus de 100 mètres d'altitude, la basilique du Sacré-Cœur (**PAGES PRÉCÉDENTES**), édifiée à la fin du XIXe siècle, domine la capitale. C'est là son seul mérite.*

*Montmartre toujours... À l'ombre nouvelle et partout présente du Sacré-Cœur, les vieilles rues de la Butte demeurent le témoignage pittoresque du siècle dernier (**CI-DESSUS**). Rue Lepic, rue Saint-Vincent, rue des Saules (**CI-CONTRE**), où l'on peut voir la maison qui abrita l'un des plus fameux cabarets de Paris : le Lapin agile, dont l'enseigne montre un lapin dessiné par Gill. D'autres souvenirs sont rassemblés dans le musée de cire installé sur les hauteurs de Montmartre (**PAGE DE DROITE**).*

sont ainsi conçues), que débute véritablement l'itinéraire par lequel, du « gay Paris » à « Ménilmuche », on traverse ces quartiers si propices à un certain misérabilisme.

Place Clichy donc, avec ses grands cinémas d'exclusivité, ses brasseries toujours illuminées, la foule partout répandue, on entre dans un monde voué au sexe et qui se développe, en contournant Montmartre, le long des boulevards de Clichy et Rochechouart, avec pour « Q.G. » deux places au nom bien familier : place Blanche et place Pigalle.

Place Clichy déjà, un vieux cinéma très sale, aujourd'hui transformé, l'Atomic, annonce la couleur : « Pour oublier vos soucis, voyez nos films sexy »... Tel est le programme ! Et même si le quartier est l'un des rares de Paris à rester en quelque sorte ouvert et actif vingt-quatre heures

sur vingt-quatre, c'est au prix d'une vulgarité sordide qui le met tout en bas de l'échelle des lieux de plaisir. On est loin des filles élégantes de la Madeleine et de l'Étoile dans cet étalage racoleur de sex-shops et de boîtes à strip-tease avec leurs rabatteurs misérables et leurs tris-

tes clients désœuvrés ; le nu est partout, sur les affiches, sur les photos, dans les « parties carrées » que l'on vous propose à l'oreille, exhibé, suggéré et vendu par cette autre foule de fausses blondes fatiguées qui traînent dans les bars de gangsters et au coin des rues. Les ailes du Moulin-Rouge ont beau scintiller par là-dessus, Pigalle n'est qu'un immense et misérable bordel pour touristes pressés et naïfs. Ah ! Paris ! les petites femmes !

Plus haut, l'air est plus pur... et même s'il ne reste que le moulin de la Galette pour rappeler le temps où la colline de Montmartre était, avec ses vignobles, un vrai village à la campagne, la « commune libre » conserve, au-delà du folklore cher au dessinateur Poulbot, le vrai charme d'une enclave d'un autre temps. Enclave que protègent ses escaliers coupant les rues et où le paysage s'orne à chaque pas de vieux réverbères, de marronniers, de maisons calmes et de l'inévitable campanile du Sacré-Cœur. Et revoici les touristes ! La basilique est bien laide pourtant, mais, quand on lui tourne le dos, la

vue sur Paris, et même sur toute la région, est l'une des plus belles : 104 mètres au-dessus de la Seine... Alentour, rue des Saules, rue Saint-Vincent, place du Tertre, bien qu'envahies par le folklore à quatre sous (c'est beaucoup plus cher aujourd'hui !) des faux rapins et marchands de souvenirs, le village de Bruant et de Carco, du « Lapin Agile », du « Chat Noir » — ces anciens cabarets de poètes et de chansonniers —, est encore sensible, et beau. On peut aussi, par des squares et les vastes degrés qui partent du parvis de la basilique, parallèlement à l'unique funiculaire de la capitale, toujours en service, redescendre vers l'animation du marché Saint-Pierre (c'est là qu'on fait les meilleures affaires dans les tissus !) et les commerçants eux aussi préservés de la rue Lepic, avec leurs étals campagnards et les dernières voitures de quatre saisons.

Nous voici là revenus aux boulevards. Mais, passé Pigalle, on change à nouveau d'univers et le tapage du *sex-business* s'estompe peu à peu : le vrai

La place du Tertre. À deux pas de la basilique, elle est le rendez-vous permanent des touristes, avec ses bistrots, ses faux rapins et ces notes d'accordéon qui flottent toujours dans l'air.

commerce reprend ses droits, la foule demeure — mais pour une autre animation, qui, de Barbès à Stalingrad, et en particulier dans le périmètre de la Goutte-d'Or, envahit des quartiers entiers de la grande masse des travailleurs immigrés, d'origine arabe ou africaine pour la plupart, arrivés dans les années 60. Ce monde est à eux, pour leurs achats, leurs jeux de hasard vite installés sur le trottoir, leur simple déambulation d'exilés désorientés et abandonnés. Comme l'est d'ailleurs toute cette zone qui, entre les portes de la Chapelle et de la Villette, n'offre au regard que les tristes perspectives des gares de triage et des murs lisses et lugubres de bâtiments désaffectés, Paris inconnu et pauvre où rien ne peut égayer un paysage de labeur misérable et d'habitations médiocres. Rien, pas même un canal au bout du monde, dont les docks noircis font seulement penser aux sinistres évocations londoniennes de Dickens.

Stalingrad, à son tour, marque une autre limite. Quoique sans gaieté aucune et de surcroît envahi par le métro aérien,

ce carrefour si proche des abattoirs oubliés de la Villette et des banlieues tristes du Nord ouvre, sur la plus grande partie du XIXe puis sur le XXe, des avenues un peu mieux aérées et surtout animées encore de l'ancienne vie populaire de Paris. Belleville, Ménilmontant, c'est l'univers d'où est sorti Maurice Chevalier, titi exemplaire, vrai « parigot » — et on l'est encore ici, peut-être même plus qu'à la Bastille. Certes, la place des Fêtes est morte et la rue de Belleville le sera bientôt, toute leur âme détruite avec la rénovation du quartier au profit de grands cubes de béton agissant à la manière de chars robotisés qui écrasent tout sur leur passage, les êtres et leurs traditions comme les vieilles baraques qui servaient, plus que de cadre, de support à la vie. Survivent encore, pour l'heure, le beau parc des Buttes-Chaumont, d'où, à 101 mètres d'altitude, on survole des arbres et des lointains bleus par-dessus les belles façades des immeubles environnants ; certaines parties du quartier de Belleville, auprès de l'église traditionnelle du village, avec aussi des com-

merces d'artisans et la gloire de posséder, rue du Télégraphe, le sommet de la capitale : 128 mètres ! et les arrières simples et tranquilles où fleurissent les longues séries de villas modestes aux jardinets bien entretenus.

Sur le boulevard, toujours populeux, marqué, au grand carrefour de Ménilmontant, de beaux immeubles arrondis avec la place, israélites et musulmans voisinent pacifiquement dans le culte du casher et les longues stations aux terrasses tout à fait méditerranéennes des cafés. À grandes enjambées d'avenues, par le Père-Lachaise, Philippe-Auguste, les Pyrénées, Maraîchers — les noms de Paris ont tant de charme pour ses habitants... — le XXe va rejoindre, au terme de cet élargissement supplémentaire de la spirale, ce coin du XIIe encore si provincial et si vert dont nous étions partis : souvenirs campagnards de Charonne, vieilles gens d'Avron et de Bel-Air, Vincennes, enfin, dont le grand bois fait pendant, à l'est de la capitale, à celui de Boulogne.

Entre les deux, la Ville... ∎

Montmartre plus « intime », dans le calme de ces petites places où survit encore l'atmosphère de l'ancien village parisien. Mais c'est ici, place Émile-Goudeau, qu'eut lieu la grande aventure du Bateau-Lavoir : cette cité d'artistes, ainsi nommée par Max Jacob, où vécurent, au début du siècle, Picasso, Braque, Matisse, Juan Gris et tous les initiateurs du cubisme.

2

les âges
de la ville

"sous les pavés, la plage..."

QUAND LA « RÉVOLUTION » DE MAI 1968 EUT DISPARU dans le retour au calme et l'approche des vacances, il resta longtemps sur les murs de Paris, tracés d'une main anonyme et rapide, des ribambelles de slogans, les uns simples et drôles, les autres sérieux, politiques, définitifs. Certains de ces slogans étaient beaux : « sous les pavés, la plage... », et s'il me revient ici en mémoire, c'est qu'on peut bien y lire le destin entier de la ville, de toute ville même, *a fortiori* quand il s'agit d'une telle métropole, au-delà du cri, du besoin de retrouver la réalité de la nature derrière la mécanisation urbaine et l'opacité du béton.

Sous les pavés, la plage... Avant d'être le lieu d'une *histoire* bi-millénaire, dont nous avons suivi la concrétisation sur l'espace de ses vingt arrondissements, Paris est d'abord, en effet, un terrain de la *géographie*, une parcelle de la nature physique dans cette partie du monde émergé qu'on appelle l'Europe. Oui, Paris, c'est d'abord, non pas la Seine, non pas le Ve ou le IXe, non pas Pigalle ou Saint-Michel, c'est un fleuve, des plateaux calcaires qui rejoignent ses rives, une plaine alluviale, un amphithéâtre de col-

lines par où l'on regagne les plateaux environnants ; et puis des forêts, des nappes d'eau, beaucoup de pierre, des terres fertiles. Cette nature a disparu, bien sûr, rejetée de plus en plus loin avec la construction progressive de la cité ; ou plutôt, elle a été oblitérée, rejetée hors de notre regard et de notre pensée, à force d'être *recouverte*. Et les matériaux eux-mêmes qu'elle offrait aux hommes ont servi à cette entreprise, opiniâtrement poursuivie, de civilisation. Ainsi du sol, de cette terre, de ces roches dont on a fait les premiers revêtements de ces passages qui sont devenus des rues ; puis est venu le pavage — et maintenant ce sont les pavés qui ont disparu, pour laisser la place à une uniforme carapace d'asphalte. Ainsi du fleuve, qui n'est plus qu'un canal étroitement enfermé entre des murs de pierre, et de ses berges, transformées en autoroutes. Ainsi de la plaine et des collines : dans la multiplication des moyens de transport, il faudrait un effort particulier pour se souvenir clairement du relief du site, de ses pentes, de ses parties planes, de ses accidents de terrain. Ainsi encore des arbres qui ne survivent plus, pour ceux qui ont échappé à la destruction, qu'à

travers le corps étranger de grilles de fer — et dans une ordonnance tellement artificielle, jusque dans les bois et les parcs, qu'on ne sait plus bien si ce sont des arbres *vrais*...

Toute la ville ainsi constitue une immense édification *par-dessus* la nature — et elle ne lui est plus reliée en rien. Trottoirs et caniveaux, le tapis des chaussées déroulé le long d'immeubles divers dont le matériau ne reflète plus ni la terre ni le gypse des origines, quais, caves et voies souterraines, qui ont neutralisé de même les profondeurs du sol, bruits de toute origine, formant cette rumeur sonore incessante qui masque jusqu'au silence, fumées de toute origine, formant dans l'air ce dôme de poussière également incessant qui masque jusqu'au ciel, tout concourt à faire de la ville un univers *hors* de la nature.

Mais nous n'en sommes pas encore venus au temps des cités de la science-fiction vivant sous des lumières artificielles dans un air conditionné et à l'abri du plastique : il reste à Paris un ciel, avec ses variations quotidiennes, son vaste bleu et ses divers nuages, les passages de l'aube et ceux du crépuscule en écho, les triomphes du soleil et les grisailles de la pluie... Et les fleurs qui viennent quand même avec le printemps, et les feuilles de l'automne, la chaleur, le froid, la neige. Et puis, dans le mouvement de ces grands cycles, dans la permanence de ces éléments vitaux, la nature parfois reprend le dessus. Et la ville n'est plus qu'un décor incongru où l'homme s'empêtre : il suffit que les pluies soient abondantes, loin en amont de la ville, pour que le fleuve en crue noie les voies rapides de la circulation automobile et envahisse les installations

Le flagrant délit. Nous sommes en 1861 et les travaux entrepris par Haussmann, dont nous ne voyons aujourd'hui que l'aspect positif, ont entraîné la destruction de la majeure partie du patrimoine médiéval de la capitale. Cette tour de l'enceinte de Philippe Auguste était demeurée pratiquement intacte durant cinq siècles et demi... (PAGE PRÉCÉDENTE).

Diversité de la ville où, comme en écho aux vestiges d'un passé riche en petits métiers et en contacts familiers (CI-CONTRE), *le besoin de retrouver la chaleur d'une vie moins anonyme pousse les habitants des ensembles déshumanisés à jeter partout de la couleur. Et c'est ainsi qu'à Paris aussi l'art mural a fait son apparition* (PAGE DE DROITE).

aménagées dans le sous-sol; en 1910 même, les avenues devinrent des artères fluviales sur lesquelles on circulait en barque ! Il suffit encore que la température descende pour que le verglas rende les chaussées impraticables, pour que la neige fasse disparaître à leur tour les voitures devenues d'étranges objets inutiles, pour que les lacs construits dans les bois de Paris redeviennent de merveilleuses patinoires... naturelles.

Certes, ce sont là des moments exceptionnels. Puissent-ils, cependant, nous aider à ne jamais oublier que, sise dans la nature, la ville est un corps vivant qui respire avec elle et en subit, dans

son tissu, toutes les transformations. Les noms eux-mêmes des quartiers et des rues en portent souvent le témoignage : noms d'arbres ou de localisations champêtres, qui renvoient au temps où la campagne était dans la ville; appellations de simple référence aux phénomènes naturels, comme le Marais ou la Butte-aux-Cailles ou la rue de la Glacière. Sur une si longue période historique, les premières activités urbaines de l'homme rejoignent d'ailleurs le simple constat de la réalité physique. Et, dans cette série de strates, les traces repérées de l'habitat paléolithique ou néolithique, les objets de l'âge du bronze et même les monuments gallo-romains que sont les arènes de Lutèce ou les thermes de Cluny ne sont pas bien différents des parcelles préservées de nature que l'on peut rencontrer ici ou là dans la ville. Les uns et les autres nous redisent que la croissance de Paris a suivi le chemin naturel de toute organisation biologique : avant d'en arriver au stade où nous la connais-

sons, la ville a franchi toutes les étapes de la vie dans une évolution semblable à celle de l'être humain qui l'a créée.

Les quelques pavés qui subsistent, la trace des rails du tramway, les arpents de vigne de Montmartre, les dernières échoppes de vieux artisans sans héritiers, les ruelles et les impasses, les rares maisons du XIVᵉ siècle, et même les marchés du dimanche, eux aussi sont là, tous, pour dire combien d'autres vies la ville a connues, et d'autres manières d'être, et d'autres paysages, d'autres époques, d'autres allures. Mais que l'on ne s'engage pas pour autant dans la facile nostalgie des « Ah ! si seulement vous étiez venu hier... il y a deux mille ans, trois siècles, en 1900, il y a seulement vingt ans ! » Même s'il est vrai, effectivement, qu'à chaque fois quelque chose d'elle s'est perdu — et particulièrement dans cette révolution automobile des années 1960 qui a fait tant de dégâts —, quelque chose d'autre aussi est né. Et la Ville, elle, est toujours vivante... ∎

de Haussmann à Bienvenüe

LE TEMPS QUI PASSE renvoie naturellement toutes les étapes antérieures de la croissance d'une ville comme Paris dans un lointain de plus en plus indistinct, où elles finissent par disparaître et se confondre; le court horizon de notre mémoire, faussant les perspectives historiques, a tout aussi naturellement tendance à ne désigner à notre attention que les révolutions urbaines les plus récentes. Et il est vrai que c'est pour l'essentiel à la double et vigou-

reuse impulsion du second Empire, aux alentours de 1860, et de la Vᵉ République, depuis 1960, que l'on doit le visage actuel de la capitale. Mais cela ne doit pas pour autant nous masquer la *continuité* du travail effectué sur la ville par tous les gouvernements successifs de la France. Et la récente mise au jour, à l'occasion de la construction d'un parking, d'un tronçon du premier mur d'enceinte du IIIᵉ siècle suffit à rappeler que, dès avant même l'instauration, au

Xᵉ siècle, de la monarchie capétienne, Paris, qui n'était encore que Lutèce, était entré dans un processus régulier et irréversible de construction, de développement, de remodelage...

Siècle après siècle, chaque roi entend ici laisser sa marque personnelle et dire ce que doit être la capitale, *sa* capitale (mais est-ce autrement qu'agiront plus tard Napoléon III ou les présidents Pompidou et Giscard d'Estaing ?). Philippe Auguste commence le pavement des rues, crée les premières fontaines publiques — et, surtout, c'est lui qui conçoit la première implantation du Louvre, objet après lui de toutes les sollicitudes : Charles V, François Iᵉʳ, Henri II, Henri IV, Louis XIII un temps, Charles X, Napoléon III et jusqu'à la IIIᵉ République ont ainsi, si je puis dire, apporté leur pierre à l'édifice. Mais si l'exemple est exceptionnel, il n'a rien d'unique dans le dessein. Car, après Saint Louis qui édifie la Sainte-Chapelle, Philippe le Bel fait aménager l'ensemble du Palais et ses successeurs, tout en officialisant le rôle administratif et gouvernemental de la ville, développent ses emprises et ses enceintes : nouvelles places, nouveaux ponts, nouveaux quartiers apparaissent règne après règne. Toutes ces opérations se poursuivront jusqu'au XIXᵉ siècle, avec pour caractéristique commune de toujours constituer pour l'essentiel une extension du domaine urbanisé : seule la Révolution détruit, mais dans le contexte exclusif de sa lutte contre l'Église. Et comme Napoléon Iᵉʳ n'aura pas le temps de réaliser le vaste programme de modernisation qu'il a en tête, l'accumulation de huit siècles d'architecture est encore visible, exposée dans la juxtaposition des implantations successives de la ville, quand son neveu prend le pouvoir en 1851.

Il ne faut pas oublier, en effet, que le Paris médiéval subsiste encore à ce moment-là, avec ses enchevêtrements de venelles, son insalubrité aussi, à côté des témoignages monumentaux des grands siècles de bâtisseurs, dans lesquels il

Comment ne pas avoir la nostalgie du Paris d'avant ? D'avant les travaux du XIXᵉ siècle (CI-CONTRE, À DROITE), d'avant la mécanisation et la métallisation... quand les caniveaux pour l'écoulement des eaux usées étaient au milieu de la chaussée, quand les hommes pouvaient dormir n'importe où dans la ville. Ces témoins précieux d'un autre mode de vie ne subiront-ils pas le sort des quartiers sans cesse éventrés depuis plus de cent ans ?

s'imbrique souvent totalement. Aussi est-il tout à fait conforme à la réalité historique de voir dans les grands travaux menés sous la conduite du préfet Haussmann une première et véritable révolution par laquelle le tissu même de la ville est radicalement, définitivement aussi, modifié.

Directement conçue par l'empereur lui-même, l'entreprise répond à des motivations diverses : à côté de la volonté de doter le pays d'une capitale moderne, efficace, assainie et capable de rivaliser avec les grandes métropoles étrangères, il y a aussi le souci d'éliminer tout ce qui, dans la configuration de la ville, favorise les adversaires du régime (ruelles propices aux émeutes, concentrations ouvrières). Il demeure que, en quinze ans à peine, l'œuvre est immense — et nous vivons encore sur ses bases. Mais quel chantier ! La ville entière est bousculée, éventrée, nivelée, souvent rasée. Ne construit-on pas *simultanément* tous les grands boulevards de liaison : Sébastopol, Saint-Michel — c'est l'axe nord-sud —; Saint-Germain, Opéra, Rivoli; Maslesherbes, Haussmann, Magenta; et les vastes avenues partant de l'Étoile — Hoche, Foch d'une largeur inégalée de cent vingt mètres ? On peut bien imaginer en proportion l'importance des destructions — et elles sont allègrement menées, sans autre souci que de réaliser au plus vite les plans d'équipement et de modernisation. Alors, les anciens hôtels disparaissent avec les vestiges du Moyen Âge, aussitôt remplacés par des architectures symboliques des temps nouveaux :

imposants immeubles bourgeois, gares, halles, et même églises (Saint-Augustin, par exemple) audacieusement érigées sur des structures métalliques, monuments aussi. Parallèlement, l'univers de la ville change, au bénéfice, certes, de la salubrité et du confort, mais par une coupure irrémédiable avec l'environnement naturel : c'est l'avènement de l'asphalte et de l'éclairage au gaz, la multiplication des ponts, l'extension des égouts, le percement d'autres artères encore, dans ces villages que l'on annexe en 1860. Et ce ne sont évidemment ni les bois ni les parcs nouveaux qui peuvent remplacer le charme ancestral des lacis de rues et de jardins ou sauvegarder cette vérité populaire de la vie qui prend désormais le chemin des banlieues avec l'exode des classes pauvres entraîné par la rénovation immobilière. Mais Paris est devenu une capitale moderne que le monde entier vient admirer à l'occasion des Expositions universelles de 1855 et de 1867 : cinq, puis plus de quinze millions de visiteurs.

Encore une fois, il faut imaginer ce qu'a pu être ce bouleversement de toute la ville — et deux exemples y aideront peut-être, alors même que le paysage urbain qui en a résulté nous paraît si familier, presque vénérable et comme le témoin de la tradition, face à l'autre révolution qui bouleverse aujourd'hui l'espace parisien. Que n'a-t-on dit, il y a dix ans, quand fut entrepris le parking devant Notre-Dame, sous le parvis ! Mais outre que ces travaux ont eu pour conséquence la découverte de vestiges fort précieux,

personne ne se rend compte qu'il s'agit là d'une brouille par rapport à « l'œuvre » de Haussmann. Oui, Viollet-le-Duc restaure et sauve Notre-Dame, mais dans un environnement qui a été, volontairement, *entièrement détruit*, un peu comme ce sera le cas pour l'aménagement des abords de Saint-Pierre de Rome sous Mussolini. Finis les passages entre les vieux cabarets, les ruelles et les églises anciennes, l'entassement des maisons, le fouillis de la vie, inchangée depuis le Moyen Âge : on a tout rasé, pour un parvis et une perspective qui n'ont rien à voir ni avec la vérité historique ni avec l'héritage des lieux. La cathédrale elle-même, en partie refaite, en partie construite (la flèche, par exemple), est quasiment *neuve*, comme les grands bâtiments qui l'entourent... Quant à l'Opéra, qui forme avec l'avenue du même nom un remarquable ensemble urbain, il faut avoir sous les yeux les photographies des travaux pour comprendre ce qu'a pu représenter pour la ville, dans sa chair millénaire et vivante, le percement de l'avenue, le dégagement d'un terrain où s'achèverait la perspective venue du Palais-Royal avec un monument dont la hauteur se retrouve en sous-sol :

90 mètres en verticalité de part et d'autre du niveau de la place ! Eh bien ! qu'importe, tout un quartier est détruit et il faut un an pour achever les terrassements. Les photographies nous montrent la façade de l'Opéra, alors en construction, mais déjà érigée, à travers les blocs des immeubles abattus et comme dans le contexte d'un gigantesque éboulement...

Après de tels cataclysmes, et compte tenu de l'affaiblissement qui marque, après la défaite de 1870, les premières années de la IIIᵉ République, on en revient, si j'ose dire, aux « affaires courantes » : achèvement des travaux haussmanniens, édification de quelques monuments de « prestige » tels que le Sacré-Cœur, la tour Eiffel ou l'Hôtel de Ville, que l'on reconstruit à l'identique après l'incendie de 1871. Mais, pendant cette période qui va jusqu'à la Grande Guerre, et même au-delà, c'est sur les équipements que l'accent sera mis avec la poursuite d'un programme technique d'amélioration des conditions de vie dans la capitale : adductions d'eau, distribution du gaz et de l'électricité, achèvement des égouts, enlèvement des ordures ménagères à l'aide de « poubelles » (ainsi a été immortalisé le nom du préfet qui eut

l'idée de ces récipients...). Et le métro... Si la IIIᵉ République commence avec les nouvelles destructions dues aux incendies de la Commune, le siècle s'achève avec cette fantastique nouveauté dans le transport urbain que constitue la mise en circulation souterraine de petits trains rapides desservant les quartiers de la capitale. Et pour utilitaire, simplement fonctionnelle, que soit cette entreprise, dont Fulgence Bienvenüe, inspecteur général des Ponts et Chaussées, assume la responsabilité, elle entraîne dans la ville de nouveaux bouleversements presque dignes de ceux de l'Empire. Ici aussi, les photographies sont éloquentes et nécessaires : quels éventrements

D'hier a aujourd'hui, les travaux d'Haussmann ont donné à la ville son visage définitif. Et les dommages causés au tissu séculaire (ici, le percement de l'avenue de l'Opéra) se sont dissous dans la remarquable organisation dans l'espace des douze avenues issues concentriquement de la place de l'Étoile (PAGE DE DROITE).

vers l'an 2000

encore, et d'autant plus spectaculaires qu'ils portent essentiellement sur le sol et les profondeurs de la ville ! Les chantiers, à nouveau, envahissent tous les quartiers et jusqu'à la Seine, sous laquelle il faut faire passer les tunnels. Alors, on creuse, on déblaie, par millions de mètres cubes, entre les vestiges, les nappes d'eau, les égouts, les sous-sols des immeubles. Et même, comme certains tronçons sont construits à ciel ouvert, on invente ces lignes « aériennes » sur piliers, qui viennent traverser les carrefours de la ville, dévoiler l'intimité des étages et qui ont même failli, si le projet avait été retenu, barrer la façade de l'Opéra... ∎

VOILÀ VINGT ANS À PEU PRÈS que Paris est entré dans sa deuxième révolution : mais le nouvel urbanisme appliqué à la capitale porte des noms savants et techniques — P. A. D. O. G., alias « Plan d'aménagement et d'organisation générale de la région parisienne », S. D. A. U., alias « Schéma directeur d'aménagement et d'urbanisme de la région parisienne » —, cependant que se multiplient les « projets de programmes », les « scénarios du futur », les « sections d'études spécialisées ». Les ingénieurs et les artistes du XIXe siècle n'avaient pourtant pas lésiné sur les chambardements. Mais ce n'était encore rien, faut-il croire, et leur œuvre, où se renfermait le parfum de la Belle Époque,

122 nous devient à présent aussi précieuse que les dalles romaines...

Derrière l'apparente organisation d'une politique architecturale, toute la ville subit un inimaginable désordre mêlé de démolitions et d'édifications. Qui plus est, il ne s'agit même plus de Paris, mais de la « Région parisienne », vaste ensemble étalé sur huit départements et rassemblant plus de dix millions d'habitants... Et dans ce « Grand Paris », Paris, le Paris historique qui est la capitale de la France, est bien, malheureusement, en train de disparaître.

Déjà, la distinction entre le Paris *intra muros* et l'extérieur, déterminée par le tracé de l'ancienne ligne de défense (les « fortifs »), n'a plus de raison d'être. Les grands ensembles d'habitation se renvoient en écho leurs tours inhumaines par-dessus cette frontière désormais inu-

tile et les arrondissements périphériques de la capitale ne seront bientôt plus, pour reprendre une expression de spécialiste, qu'une « banlieue dans les murs ». Le cœur de la cité résiste encore, mais le désordre architectural qui l'envahit jour après jour n'en laissera à nos enfants de

l'an 2000 qu'un jeu de fragments épars ayant perdu tout sens et toute vie dans l'éclatement au hasard d'un espace urbain patiemment tissé au long des siècles. Et vingt ans ont suffi pour causer ces dégâts irrémédiables...

Bien sûr, il fallait, après la Libération, reconstruire, puis résoudre la crise du logement, prendre en compte l'immense accroissement de la circulation, assurer le fonctionnement d'une métropole devenue gigantesque : 20 % de la population sur 2 % du territoire. Que faire devant ces monstrueux entassements qui étaient l'inéluctable aboutissement d'une centralisation forcenée ? On a construit. Dès les années 1950, on construit, vite, beaucoup, sans arrêt, partout — et n'importe quoi, l'essentiel, c'est de construire, pour loger, pour circuler. Peu importe la qualité des matériaux : ils sont médiocres, et on comprend que la garantie de construction ne soit que décennale. Peu importe la qualité de l'architecture : des blocs, des barres, des tours, ce qu'on appellera le « béton au mètre » pour des façades sans ornements et sans aucun caractère. Peu importe la qualité des implantations : ce sera n'importe où, sans égard pour les sites, sans égard pour les habitants auxquels, surtout en banlieue, les infrastructures (transport, commerces, écoles) ne seront souvent données que bien plus tard. Peu importe tout cela ! car seule compte la quantité. Avec les années, une certaine diversification dans le choix des matériaux, avec le recours au verre et à l'acier, un nouveau respect pour les normes élémentaires du confort, intérieur tout autant qu'extérieur, la reprise en compte des facteurs esthétiques font qu'une certaine amélioration est perceptible dans les lotissements plus récents. Mais la persistance du « boom » immobi-

lier, comme l'aggravation constante du trafic urbain et régional maintiennent la pression de ce déferlement sauvage : bâtir, toujours bâtir, à tout prix, même au prix de la Ville...

Alors surgissent à l'intérieur même de Paris les alignements de cubes de béton par lesquels on « rénove » les plus vieux quartiers périphériques — et les « opérations » se multiplient : Belleville, Italie, Maine-Montparnasse. Peut-être supprime-t-on quelques îlots encore insalubres ; plus sûrement, on détruit les faubourgs populaires — et les nouvelles zones de solitude anonyme et indifférenciée envahissent progressivement une capitale prise en tenaille. Ici et là, comme des avant-gardes vers les derniers trésors, des réalisations isolées surgissent avec la même brutalité : ainsi du célèbre « trou » des Halles, longtemps béant au pied de Saint-Eustache, après que l'on eut détruit les pavillons de Baltard (témoignage parfait de l'architecture métallique du second Empire, qui, déjà, sécrète une vraie nostalgie...) au bénéfice enfin d'opérations commerciales qui ramènent

123

Le parvis du quartier de la Défense : ici s'achève peu à peu la première des grandes opérations d'urbanisme menées autour et à l'intérieur de la capitale.

Beaugrenelle : l'une des dernières rénovations entreprises sur la rive gauche, dans le XVᵉ arrondissement.

La Défense (PAGE SUIVANTE). De l'autre côté de l'Arc de Triomphe, c'est là qu'aboutit la perspective engagée dans les jardins du Louvre...

126

le « ventre de Paris » à la banalité d'un hypermarché de plus. Ainsi de ce qui fut une belle perspective tout au long de la Seine, de Bercy à l'Étoile, et qui offre dorénavant à la vue successivement les tours de bureaux emprisonnant le beffroi au charme désuet de la gare de Lyon, la lourde tour administrative de la Ville de Paris (bien mal inspirée de donner ainsi elle-même l'exemple...) et le bloc impersonnel de la cité des Arts, les grandes masses de la nouvelle faculté des sciences, avec en prime, avant d'atteindre les immeubles luxueusement insignifiants installés aux Champs-Élysées, la voie express rive droite, grâce à laquelle il n'y a plus ni quais, ni berges, ni non plus, par voie de conséquence, amoureux, peintres ou pêcheurs. Pourquoi, dès lors, les automobilistes se priveraient-ils de rouler à plus de 100 km/h ! Encore faut-il nous estimer heureux que le projet d'une voie identique sur la rive gauche ait été

abandonné, de même que l'idée d'une pénétration des autoroutes *dans* Paris par le moyen de « radiales » qui eussent assurément assassiné la ville.

Et que sont dans tout cela devenus les paysages de Paris ? Il y a dans les espaces urbains, dans l'organisation des points de vue et des perspectives, dans la proportion et le rapprochement des ensembles bâtis une valeur esthétique égale à celle des édifices en eux-mêmes. De cela, Paris était riche, nous l'avons souvent remarqué, et on eût pu songer à le protéger aussi. L'exemple d'autres capitales où on avait su rejeter à l'extérieur les nécessaires ensembles de logements (Prague ou Rome), comme on avait su contenir la mortelle marée des automobiles par le moyen simple de vraies zones piétonnes qui contribuent elles aussi à sauvegarder les centres historiques (Munich ou Vienne), cet exemple n'a servi à rien et on a détruit allègrement

les paysages comme les demeures. Que voit-on au bout de la perspective du Louvre, dans l'arche de l'Étoile ? Les tours de la Défense... Que voit-on au bout de l'esplanade des Invalides, par-dessus la façade de l'hôtel ? Les derniers étages de la tour Montparnasse... Que voit-on au bout de l'horizon, par-delà les branches de Montsouris ? Des tours, des tours, des tours... Et quand on pénètre dans le tissu des quartiers, il en va partout de même : l'un après l'autre, les blocs se glissent dans l'harmonie des anciennes artères — et ainsi, peu à peu, tout s'est défiguré, jusqu'à ce que, finalement, les rues se retrouvent entièrement envahies pour n'être plus que les voies rapides du trafic entre les murs lisses d'un univers déshumanisé. Ce travail est déjà bien avancé aux Champs-Élysées, il se poursuit sur les grandes avenues du XVIe, il est à peu près achevé sur l'ensemble des boulevards extérieurs. Qui l'arrêtera ? ∎

Paris des contrastes. Mobile et tours futuristes sur le front de Seine, vieux métiers d'ambulants et restaurants à la mode pour les habitués de Saint-Germain-des-Prés (PAGE DE DROITE).

3

vivre à Paris

une exposition universelle permanente

A L'INSTAR DES AUTRES GRANDES CAPITALES du monde, Paris a connu depuis Napoléon III de nombreuses expositions internationales, pour la plupart « universelles » : 1855, 1867, 1889, 1900, 1937... la liste est longue et n'est pas close, une exposition était prévue en 1989, année où sera célébré le deuxième centenaire de la Révolution française. Chaque fois, l'État et la Ville ont profité des circonstances pour élever des monuments, moderniser les structures, transformer des quartiers entiers ; nous devons ainsi la tour Eiffel à l'Exposition de 1889, le Grand Palais et le métro à celle de 1900, le palais de Chaillot à celle de 1937, etc. Bien d'autres « merveilles », édifiées à titre temporaire, ont disparu, ainsi que la plupart des pavillons étrangers, souvent remarquables pour leur exotisme ou leur extravagance. Il en subsiste néanmoins deux : le « palais du Bardo », reconstitution en 1867 de la résidence du bey de Tunis, qui a été remonté pierre par pierre dans le parc Montsouris, et le pavillon chinois de l'Exposition de 1900, qui est devenu, sous le nom de « la Pagode », l'un des grands cinémas d'art et d'essai de la capitale. Quant au Village suisse, ce n'est plus qu'un souvenir et plus rien ne rappelle, dans ce rassemblement chic des antiquaires du XVe arrondissement, l'évocation, réalisée également pour l'Exposition de 1900, des différents habitats de la Suisse...

Mais qu'importe ! La ville a beau perdre ainsi des pans entiers de son passé, se transformer au gré, brutal, des rénovations, se dépeupler même, elle est toujours *Paris*... Et Paris, chaque jour de l'année, c'est en permanence une immense exposition universelle, dont les milliers et les milliers de « stands » recouvrent toute la surface de la capitale. De combien de temps ne faudrait-il pas disposer pour aller jusqu'au bout de la visite et tout découvrir de fond en comble ! Parmi les cinq millions de touristes étrangers qui passent chaque année par Paris, beaucoup ne s'arrêtent que pour deux ou trois jours : juste le temps d'un « tour » en autocar et d'une soirée « typique » ! Il faut évidemment envisager un séjour plus long si l'on désire réellement *voir* la ville : huit jours pour apprécier son étendue, un mois pour la reconnaître — et peut-être bien toute la vie pour plonger jusqu'aux racines de ce qui est, en définitive, un univers par soi-même...

Une fois, en effet, que l'on a sacrifié aux rendez-vous obligés que sont le Centre Pompidou (plus de 5 millions de visiteurs par an), la tour Eiffel et le musée du Louvre (3 millions), le tombeau de Napoléon (un million et demi) et quelques autres monuments ou musées inscrits d'office dans les tours des circuits organisés à travers la capitale, il reste à rencontrer la vie qui s'y manifeste partout et sous tant de formes diverses que l'on peut bien ici rencontrer, de fait, le monde entier. Certes, ce sont avant tout les forces vives de la France qui se trouvent rassemblées, dans des proportions étonnantes, sur ces 2 600 hectares d'*habitations* où, comme le disait Giraudoux, « il a été le plus pensé, le plus parlé, le plus écrit », et, ajouterai-je, le plus *vécu*. Rien de plus normal si l'on reprend les données chiffrées : 11 % du commerce du pays, 33 % des librairies et des cinémas d'art et d'essai, 15 % des débits de boisson, 90 % de la joaillerie, etc. Mais cette concentration des moyens d'échange, de communication et d'activité n'a jamais été fermée sur elle-même et les 13 600 étalages autorisés, les 56 000 com-

merces non alimentaires, les 1 000 restaurants, les 8 000 terrasses de cafés, les
2 500 ventes annuelles de l'hôtel Drouot,
les 31 000 ateliers d'artisans, aussi bien
que les dizaines de bibliothèques et de
musées, les 80 théâtres, les 300 galeries
et les 465 cinémas de Paris sont ouverts
en permanence à l'expression de toutes
les formes humaines de la vie, quelle que
soit leur origine géographique ou culturelle, qu'il s'agisse de boire, de manger,
de se cultiver, de se distraire, de se vêtir,
de se meubler, ou de flâner et de rêver.
Cette ville est universelle...

Il n'y a besoin ni des vraies expositions internationales, ni des congrès, ni
même des salons et des foires de toute
sorte qui occupent continuellement les
palais des Expositions de la porte de Versailles et du quartier de la Défense (sous
la triple voûte triangulaire du C. N. I. T.),
pour nourrir le flot de visiteurs, touristes ou travailleurs, banlieusards, provinciaux ou étrangers, qui déferle chaque
jour sur la ville. *Chaque jour,* en effet,
c'est plus de 1 million de banlieusards
qui viennent y rejoindre leur poste de
travail, en voiture, en train, en métro, en
autobus ; et, à l'intérieur de la ville, ce
sont encore les voitures (et les taxis), le
métro, l'autobus qui prennent le relais.
Ainsi arrive-t-on, sur l'année cette fois, à
des chiffres astronomiques : 22 millions
de passagers pour l'avion, 70 millions
pour les taxis, 312 pour l'autobus... et
plus d'un milliard pour le métro ! Ici
interviennent également, bien sûr, les
4 millions de visiteurs français annuels
et les 5 millions de touristes étrangers :
ils représentent, avec les 140 000 cham-
bres d'hôtel de la capitale, 50 % des
nuitées de toute la France !

Pour eux, chaque jour encore, nombreuses sont donc les excursions et les
visites guidées, les conférences et les
rendez-vous à destination des 333 monuments et statues qui peuplent la ville.
Mais c'est, bien sûr, par soi-même, libre-
ment, qu'il faut aller à cette découverte.
Plonger dans l'incessant bouillonnement

de toutes les activités de Paris, c'est
d'abord reconnaître les différents quartiers de la ville : comme nous l'a montré
notre inventaire des richesses de la capitale, elles sont, en effet, inégalement
réparties selon les arrondissements. Il
suffit, naturellement, de se rendre dans
les premiers cercles développés à partir
de l'île de la Cité pour être à pied
d'œuvre, puisque ce périmètre, où l'on
trouve le Ier, le IIe, le IVe, le Ve et le VIe
arrondissements, contient la plupart des
grands monuments — quitte à y ajouter
le VIIe et le VIIIe. Ensuite, il faudra
gagner le IXe, pour l'Opéra ; et, si l'on

veut se faire une idée des grands sites de
la capitale, appréhender la façon dont
l'espace y est rempli et habité, c'est plus
loin dans la ville qu'il faut aller, dans le
XIe pour la République et la Bastille,
dans le XVIIIe pour Montmartre, au bout
du XVIe pour le bois de Boulogne.

Mais ce sont aussi les activités des
Parisiens qui différencient les parties de
la ville. Car nombre de métiers se sont
peu à peu fixés, créant une tradition, des
habitudes, une « couleur » qui varie ainsi
avec les quartiers — et même avec les
rues. L'évolution actuelle de l'habitat et
des implantations modifie d'ailleurs ce

*L'éventail du commerce, des bou-
tiques chics du faubourg Saint
Honoré* (PAGE DE GAUCHE) *aux
immenses caravansérails des
grands magasins du boulevard
Haussmann* (PAGE DE DROITE).

paysage séculaire des métiers : dans les anciens villages du Sud, XIIIe, XIVe et XVe arrondissements, les artisans laissent la place aux grandes opérations immobilières ; ailleurs, ce sont les immeubles de bureaux qui viennent, en longue file anonyme, recouvrir les avenues, dans le XVIe, le XVIIe, le VIIIe (et particulièrement sur les Champs-Élysées et dans les artères avoisinantes). Mais le VIIe des ministères, le IXe des banques, le IIe et le IIIe de la confection, le IIe encore et le IXe des journaux et des imprimeries, le Xe, le XIe, le XIXe des ateliers de mécanique ou de petite métallurgie demeurent tels qu'en eux-mêmes, avec le charme du pittoresque ou la particularité de l'atmosphère. Derrière le boulevard Voltaire, dans le Marais ou le Sentier, au carrefour Bac-Raspail, à Richelieu-Drouot, on peut se retrouver plongé, à l'échelle du microcosme, dans un univers à chaque fois autre et plein. On peut encore circonscrire davantage l'espace de ces mondes typiques et « faire » la rue du Faubourg-Saint-Antoine pour ses ébénistes et ses fabricants de meubles ou bien la rue de Paradis pour ses marchands de porcelaine et de cristallerie, la rue de Sèvres, la rue de Passy ou la rue du Faubourg-Saint-Honoré (mais attention : uniquement entre Saint-Philippe-du-Roule et la rue Royale !) pour leurs boutiques de mode, la rue du Fau-

bourg-Saint-Honoré encore (mais cette fois dans le périmètre de son intersection avec l'avenue Matignon) ou la rue de Seine pour les galeries, etc.

Dans ces approches successives des divers aspects de la capitale, on peut aussi se laisser guider par la mode — non par celle du vêtement, mais celle, plus générale, qui veut, depuis le XVIIIe siècle, que tel ou tel quartier de Paris soit, à son tour, « dans le vent » et que là, et seulement là, il convienne de vivre, de se promener, de se montrer. Ainsi a-t-on vu successivement le Palais-Royal, les Champs-Élysées, la Chaussée-d'Antin, Montmartre, Montparnasse, Saint-Germain-des-Prés devenir le pôle d'attraction du Tout-Paris et fournir, restaurants, spectacles, cafés et autres, les « endroits à la mode » où on se bouscule. Les choses ont un peu changé aujourd'hui, et il n'y a plus de ces royautés qui entraînaient pendant une décennie ou plus le déplacement de tous les publics : les différents quartiers s'équilibrent, et la mode ne touche plus qu'isolément tel restaurant, telle boîte de nuit, tel théâtre ou telle boutique. La ville comporte à présent plusieurs pôles, entre lesquels les étoiles naissent, brillent et disparaissent le temps d'une saison, ce qui est actuellement la durée d'une vogue...

C'est que, en fait, dans cette capitale si dense et si active, il y a tout partout.

Paris compte plus de mille restaurants — et les plus prestigieux : la Tour d'Argent (EN HAUT, À GAUCHE), Maxim's (PAGE DE DROITE), etc. Mais, depuis quelques années, les styles se diversifient, avec l'ouverture sur les cuisines exotiques et la multiplication des petites maisons débordant sur les trottoirs et les places (CI-CONTRE).

Certes, les grands quartiers traditionnels du commerce, du loisir, de la restauration ont conservé la concentration des lieux de rendez-vous qui a fait, au-delà de la mode, leur célébrité et qui leur donne le pouvoir permanent d'attirer les foules. Mais, de même que la province française n'est plus aujourd'hui face à Paris, un désert, de même les arrondissements périphériques et les quartiers éloignés ou anonymes disposent aujourd'hui des mêmes équipements de base que le centre. Partout, on trouvera tout : cinémas d'exclusivité, drugstores, boutiques de prêt-à-porter, restaurants exotiques ; et même, dans un mouvement nouveau de diversification des adresses par un étalement dans l'espace de la capitale, les quartiers retrouvent, en cette fin du XXᵉ siècle vouée aux rénovations et aux buildings, les théâtres et les cafés caractéristiques des « villages » du XIXᵉ siècle. Toute la ville ainsi participe de l'incessant bouillonnement d'activités qui est la marque des vraies métropoles.

Alors, en route ! et qu'importent les itinéraires ! Pour qui désire explorer ce prodigieux « catalogue », la règle du jeu sera, en effet, des plus simples : prendre une rue au hasard — c'est facile, il y en a 5 300 ; regarder ce qui s'y trouve — boutiques, monuments, squares, il y a toujours le choix ; passer à la suivante, et ainsi de suite... Règle annexe : on peut prendre pour repères les 113 églises (la plupart sont aussi de beaux édifices), les 380 colonnes Morris (on y trouve la liste des spectacles et des concerts parisiens de la semaine), les 340 kiosques (on y trouve les journaux, parfois des fleurs), les 137 fontaines et bassins de la capitale (excellent prétexte pour une halte ; et si l'eau n'est pas potable, les cafés ne sont jamais loin). Chemin faisant, ce sont toutes les ressources de la ville qui s'offrent, au gré des heures, selon les goûts, pour des tentations indéfiniment renouvelées.

Est-il l'heure de manger ? Du « prix fixe » rapide au spectacle gastronomique de la « Tour d'Argent », l'éventail est immense ; et il ne se limite pas au steak-frites national : la choucroute, la paella, la bouillabaisse ou le canard laqué... on mange à Paris ce que l'on veut. Et si, à midi, les « bistrots » sont envahis par la foule pressée des employés, on y allume le soir des chandelles pour le dîner tranquille à deux. Entre-temps, salons de thé, qui ne sont plus dansants qu'à la Coupole, et cafés, qui ne sont plus nulle part concerts, accueillent le flux sans cesse changeant des rendez-vous. Veut-on prier ? Il y a aussi des temples, des synagogues et une mosquée. Visiter un musée ? Des affiches au tabac, de la céramique à la sculpture, de la chasse à l'aviation ou au cinéma, des jouets aux

131

bijoux, aux minéraux, il y a des musées pour tout. Entre tant de collections, citons quand même les ensembles asiatiques de Cernuschi, de Guimet, les musées Balzac, Delacroix, Gustave-Moreau et Victor-Hugo — parce qu'ils sont installés dans les demeures mêmes où ces artistes ont vécu ; et puis, le centre Pompidou aussi bien que l'hôtel Carnavalet ou le musée de l'Opéra, parce que c'est aussi un prétexte pour revoir d'importants monuments. N'oublions pas le musée Grévin, avec ses amusantes figures de cire et ses miroirs déformants qui font revivre l'ambiance des anciennes fêtes foraines.

Il faudrait tout citer, en un autre inventaire plein de fantaisie, se contenterait-on d'énumérer à la file tout ce qui existe : les librairies anglaises, les ours du zoo, les boutiques de produits exotiques, les marchands de vin, de gravures, de farces et attrapes, les loueurs d'habits (avec nœud papillon pour les grandes soirées), les vitriers ambulants et les petits ânes du Luxembourg, les pâtisseries orientales et les clubs de judo ou de karaté, les strip-tease permanents, les clubs de massage, les bowlings, les patinoires, les piscines, etc. Une vie suffirait-elle vraiment pour épuiser cette vie ? ∎

d'autres regards sur la ville

QUI N'A RÊVÉ, AU BRAS D'UNE FEMME AIMÉE, de s'écarter un peu : pour la *voir...* ? Une ville aussi, surtout quand elle est belle, se découvre de loin — et des perspectives différentes laissent mieux apercevoir son visage, ou les lignes de son corps. Nous évoquions au début de ce livre les panoramas ainsi offerts à l'entrée de Paris du haut des collines de la proche banlieue ; mais point n'est besoin de sortir de la ville, encore moins de s'élever en avion au-dessus d'elle, pour retrouver son étendue, les rythmes de son urbanisation, ses toits. C'est ce que permet le boulevard périphérique, dont les 36 kilomètres épousent le contour de Paris, mais en arrière de la ceinture de boulevards extérieurs ; en prenant cette distance d'un boulevard à l'autre, même quand elle se réduit à une centaine de mètres, le regard se dégage et l'on peut embrasser des parties entières de la ville. Ainsi en va-t-il du viaduc d'Ivry, où c'est toute la plaine du XIIIe arrondissement, immeubles et voies ferrées mêlées, qui s'étale vers la Seine ; ainsi entre Clichy et La Chapelle, où le large virage autour du XVIIIe fait longuement apparaître le Sacré-Cœur. Et l'on voit bien aussi, au rythme de cette circulation, les grands ensembles successifs d'habitations, brique des années 30, béton sale des années 50, verre et acier d'aujourd'hui...

Dans la ville même, les points élevés d'où l'on peut la contempler ne manquent pas. Il y a les hauteurs naturelles, Montmartre ou les Buttes-Chaumont, mais il est préférable de se rendre au sommet des monuments ou des tours : mieux inscrits dans le tissu urbain, ils donnent une vue plus précise — et qui variera avec le site et, bien sûr, la hauteur de l'édifice. Comme en faisant fonctionner un zoom de cinéma, on commencera par la tour Eiffel ou la tour Montparnasse : le point de vue englobe toute la ville, et même au-delà ! De l'Arc de Triomphe ou de Notre-Dame, on se rapproche des quartiers, on distingue le plan des artères, on remarque les perspectives. À Beaubourg, on est à peine au-dessus des maisons — et l'on touche aux toits de Paris, avec leurs cheminées, mais aussi leurs antennes de télévision. Partout dans Paris, on peut encore, du dernier étage de n'importe quel immeuble, voir ces enchevêtrements, ces rythmes de lignes de faîte, ce mélange de clochers et de toitures qui dut être si beau quand rien ne venait en troubler l'harmonie...

À l'opposé, la dense occupation du sous-sol offre d'autres aperçus. Fascination des mondes souterrains qu'on ne pressent au niveau de la rue que par les

Préservé ou reconstitué, le Paris « rétro » ne manque pas de charme, qu'il s'agisse des anciens passages (CI-CONTRE, À GAUCHE) où subsistent encore les métiers traditionnels (CI-CONTRE, À DROITE), ou bien des boutiques réaménagées où l'on joue à grand-mère... (PAGE DE DROITE).

plaques des égouts ou les grilles d'aération du métro. La descente sous la ville fait passer dans un univers différent, même s'il ne s'agit que des escaliers et des tunnels familiers du métro ; encore que les gigantesques percées, quasiment verticales, du R.E.R. donnent l'impression de pénétrer dans quelque nécropole métallique des temps futurs. Avec la traversée des galeries d'égouts, le long des conduites d'eau, au carrefour des grands collecteurs, le fantastique est proche et l'on peut rêver au lac souterrain de l'Opéra, à son fantôme, à ses légendes. Ne serait-ce pas le moment de pénétrer dans les Catacombes, ces restes des anciennes carrières, également souterraines, où l'on a rassemblé, pour des visites énigmatiques et volontiers impressionnantes, les ossements de cimetières désaffectés, millions de morts anonymes dont les tibias et les crânes servent d'ornement aux galeries ?

Mais les escaliers mécaniques qui desservent nombre de stations du métro nous ramènent à la surface, au grand air de la ville — et ce sont encore d'autres points de vue qui sont ainsi offerts sous des angles inhabituels. Laissez-vous sortir face à l'Arc de Triomphe, face à Saint-Germain-des-Prés, face à la Seine...

Comment imaginer une grande capitale sans un fleuve ? Les deux sont d'ailleurs, à de rares exceptions près, indissolublement liés, et Paris en offre l'exemple parfait. Né de la Seine, Paris vit avec elle tout au long des 13 kilomètres de son parcours dans la capitale — et le fleuve est véritablement au cœur de la ville, comme en témoignent les 33 ponts qui la franchissent d'est en ouest, du pont National au pont du Point-du-Jour. Et ces ponts eux-mêmes, déjà, forment un raccourci de l'histoire de la ville, du Pont-Neuf construit au XVIᵉ siècle jusqu'aux viaducs de béton les plus récents. Beau classicisme du pont de la Concorde, charme 1900 des lampadaires du pont Alexandre III, poésie attachée au pont Mirabeau, pittoresque du zouave du pont de l'Alma, tous ont contribué à former l'atmosphère de la ville. Et, de leurs parapets, quels paysages dont on ne peut se lasser ! Sur l'île Saint-Louis, proche à la toucher comme un navire amarré au port..., sur la pointe de la Cité, quand le crépuscule colore les perspectives de tours entre les monuments des deux rives..., sur les quais eux-mêmes et sur l'eau, malgré la foule des voitures. Il n'y a plus, hélas ! de service régulier de transports sur la Seine, mais les circuits des bateaux-mouche permettent de glisser le long des façades et de tout voir autrement, d'ensemble et comme en effaçant le bruit du monde. Le long des berges, on peut ainsi continuer une promenade différente, où l'on rencontre les boîtes des bouquinistes, les peintres amateurs, les vieux pêcheurs, tous ceux qui flânent... Les voies rapides du bord de l'eau ont considérablement réduit cet espace de rêverie, mais, passant sur le trottoir surélevé des quais, il est encore possible de saisir à l'abri des arbres toutes ces visions de la ville. ∎

quelques adresses rares

L'IMMENSITÉ DE LA CAPITALE EFFRAIE PARFOIS le visiteur, qui craint, littéralement, de se perdre dans la multiplicité des quartiers, dans la superposition des moyens de transports, en un mot, dans l'enchevêtrement de tant d'occupations simultanées. Mais, quels que soient le trafic, le bruit, la foule et les distances, il n'y a là qu'un apparent fouillis, et Paris n'est plus un dédale... Les lacis inextricables ont disparu avec la rénovation de la plupart des quartiers anciens, et l'ordonnance de la ville est à présent claire, laissant tout à visage découvert. Aussi les secrets réservés des connaisseurs, Parisiens ou initiés de longue date, ne portent-ils plus que sur des adresses : ici, on peut écouter un vieux pianiste, même jusqu'à cinq heures du matin ; là, on peut manger le samedi midi une excellente *feijoada* en écoutant des amis jouer et chanter la samba ; ailleurs encore, un bar, un nouveau café-théâtre, des soldes de soie. Mais la Ville est ouverte ; et nous en avons parcouru l'essentiel. Pourquoi, cependant, ne pas vous rappeler quelques adresses ? Elles sont toutes connues, c'est entendu, mais peut-être faut-il encore s'y rendre un peu différemment — et comme à des rendez-vous un peu plus spécifiquement parisiens...

Ainsi en va-t-il de certains musées. Le sous-sol de l'Orangerie, avec la série des grands *Nympheas* de Monet sur toute la longueur de ses murs, les arrières du Petit Palais, avec leur collection permanente de peintres oubliés du XIXe siècle français, les vastes salles claires du musée de la Marine, avec leurs maquettes de navires pour enfants sages, voilà des touches de finesse dans la splendeur officielle du patrimoine artistique de la capitale. Le Louvre lui-même, tout célèbre et fréquenté qu'il soit, offre, à qui veut bien la remarquer, l'attachante singularité d'un très long voyage à travers les civilisations de l'humanité. Et, si l'on veut bien aussi laisser de côté les vedettes, la *Vénus de Milo* ou la *Victoire de Samothrace, la Dentellière, l'Homme au gant* et surtout *Mona Lisa* (la *Joconde*), superstar dotée comme tous les grands de ce monde d'une vitre blindée à l'épreuve des balles, ce voyage permet, au sein d'un univers à trois niveaux, de plonger dans les anciens siècles orientaux, de revenir contempler les sarcophages gréco-romains, de remonter pour suivre tout le devenir de la peinture occidentale jusqu'à Courbet. Deux étages plus bas, on était à Sumer... et partout, à travers quelque fenêtre, passent les massifs du jardin, les arbres et l'eau de la Seine.

Ailleurs, dans le centre animé des affaires, des sortes de musées de la vie

— et *dans* la vie — survivent encore : les passages, ces galeries couvertes tracées de rue à rue à travers les grands blocs d'immeubles du XIXe siècle. Sous leurs noms fameux — passage des Panoramas, galerie Vero-Dodat, galerie Vivienne, passage Jouffroy et tant d'autres — se cachent, et la chose est presque vraie, des alignements désuets et charmants de boutiques bizarres et de restaurants insolites. Et l'ornementation sculptée des parties supérieures, le délabrement des verrières, l'abandon des perspectives derrière les piliers d'entrée contribuent à faire croire au passant qu'il a pénétré par erreur dans le décor d'un film « d'époque ». Voilà, en tout cas, des oasis rares et d'autant plus précieuses de s'insérer dans les turbulences du quartier.

À ciel tout à fait ouvert, d'autres sanctuaires prolongent cette paix et cette sérénité d'autrefois. L'île Saint-Louis, souvent évoquée ici, est l'un d'entre eux ; et il n'est pas besoin du prétexte de Berthillon (les meilleurs sorbets et glaces de Paris) pour venir ici flâner le long du bastingage de pierre qui court tout autour de beaux ensembles d'hôtels du XVIIe siècle.

On ne sait d'ailleurs ce qui est le plus beau, de s'y promener ainsi ou de la regarder des quais voisins. Toujours est-il que, à peine traversée en son milieu par la rue qui relie la rive droite à la rive gauche, elle est vraiment une île : épargnée par l'agitation lointaine du continent, menant sa vie propre, comme réservée à une autre façon d'habiter Paris... Une autre île, plus à l'ouest, offre ainsi, mais de par sa seule présence plantée d'arbres au milieu du fleuve, l'attrait nostalgique d'une promenade dans la tranquillité de la nature — et c'est l'allée des Cygnes...

Il reste de même, sur les pentes de Ménilmontant, un vaste parc, deux fois plus grand que les plus grands jardins de Paris. Et, si, du fait du site, le panorama de la ville y est fort beau, c'est encore pour le charme de ses arbres touffus et le si calme silence peuplé d'oiseaux que le cimetière du Père-Lachaise retient ses visiteurs. Cimetière, oui, mais où la douleur de la mort s'estompe dans la présence de la nature : bien des familles ont ici des parents, et les enterrements continuent, mais la sympathie des condoléances s'efface ici devant la ferveur des rencontres : avec Chopin, au cénotaphe chaque jour plein de fleurs, avec Héloïse et Abélard, Molière, Alfred de Musset, à l'ombre du saule réclamé dans son dernier poème, mais aussi avec les Fédérés, les Déportés, les combattants étrangers volontaires au service de la France. Et tant d'inconnus aussi, dont les inscriptions romantiques, les monuments inhabituels ou les simples stèles peuplent les chemins du parc d'une présence à fleur de verdure. On en oublie la contrainte des horaires, le formalisme sec des gardiens, toute la rumeur de la ville — et l'on se dit qu'il faudra, la prochaine fois, entrer par la simple porte ouverte dans le mur au coin de la rue du Repos...

Les oasis de Paris ne seraient-elles faites que de verdure, de silence et d'eau ? Car c'est de ces mêmes éléments que naît le charme d'une dernière promenade le long du canal Saint-Martin ; et l'on peut en tirer, en négatif, l'image dure du Paris d'aujourd'hui. Cela étant, le tracé de ce canal en plein Paris vient opportunément nous rappeler que, établie au bord d'un grand fleuve à moins de 200 kilomètres de la mer, la ville est aussi un vrai port de marchandises. S'embranchant sur la Seine près d'Austerlitz, il traverse le bassin de l'Arsenal, passe en souterrain (près de 2 kilomètres) sous la Bastille et les boulevards du XIe arrondissement, pour revenir à l'air libre à la hauteur de la République et rejoindre, par-delà le bassin de la Villette, les docks du canal de l'Ourcq. Chemin faisant, avec son cortège d'arbres et de ponts de fer surélevés, ses écluses et ses vrais mariniers, il évoque aussi bien l'atmosphère populiste des films français d'avant-guerre que le calme champêtre des voies d'eau de la province. Miracle renouvelé des oasis au milieu d'entrepôts et d'immeubles... Et comme les amoureux qui viennent y contempler le passage des péniches et le mouvement tournant des ponts, les arbres, les passants peu pressés et les pilotes y sont seuls au monde.

∎

Paris by night

L A NUIT TOMBE SUR PARIS... Les rayons du soleil couchant viennent d'incendier une nouvelle fois les vastes verrières de la coupole du Grand Palais ; et le crépuscule, si lent en pays tempéré, adoucit toutes les silhouettes de la ville. Dans une demi-heure — c'est le délai légal — les lampadaires et les réverbères publics s'éclaireront, alors les automobilistes allumeront leurs lan-

Pleins feux sur la capitale : c'est le 14-Juillet place de la Concorde (PAGES SUIVANTES).

L'insolite aussi... Avec les monuments dont regorgent les cimetières parisiens (ici, l'inventeur de la lampe Pigeon, tel qu'il « revit » au cimetière Montparnasse (PAGE DE GAUCHE) — et ces ossements impressionnants que l'on vient contempler, dans le sous-sol de Paris, aux Catacombes (PAGE DE GAUCHE, EN BAS). Tout aussi insolite, mais plus gai, le paysage marin du canal Saint-Martin, comme égaré en plein cœur d'une métropole... (CI-DESSUS).

ternes : il fait nuit. Mais on ne le sait pas vraiment : il y a encore tant de grandes lueurs dans le ciel de la capitale, derniers échos de la flamme solaire, premières étoiles, aura permanente issue de la ville elle-même. Et si on est en hiver, la coïncidence de l'heure avec les regains d'embouteillages — 6 heures du soir, le retour au domicile — éclipse véritablement le passage à l'autre vie de la nuit. En été, en revanche, elle vient si tard — 10 heures du soir — que, chacun étant rentré depuis longtemps chez soi, la ville est déserte quand tombe la nuit...

Mais, quelle que soit l'heure, quand la nuit est venue, un autre monde apparaît, qui prend la relève ; et c'est une autre ville qui émerge des pierres endormies et de l'asphalte abandonné, une ville avec d'autres habitants : un univers entier où tout est superposé sur les éléments si familiers du temps de veille, hommes et véhicules métamorphosés de n'être là

que parce qu'ils le veulent, et, au long des rues, dans l'axe des carrefours, une étrange complicité à distance s'établit ainsi entre tous ceux qui ne dorment pas... Antithèse du jour, la nuit offre pourtant la même diversité dans l'exploration de la ville, ici aussi changeante avec les heures et riche de tant d'autres possibles.

21 heures. Toute une immense partie de la capitale, déjà, est morte. Qu'il s'agisse des artères commerçantes, des quartiers des affaires, des squares et des places où vivaient les marchés : la fermeture des magasins, bien avant 20 heures, a laissé la place à l'obscurité, au silence, à l'absence noire et vide. Qu'il s'agisse aussi bien des arrondissements résidentiels, où c'est le sommeil qui a tout envahi : et les fenêtres des étages sont noires elles aussi. Est-ce bien ici la Ville Lumière ! Les plaques jaunes ou blanches des réverbères sont peu de chose pour trouer la nappe sombre où se distinguent les longues perspectives désertes : de vrais dimanches de la nuit, seulement traversés par quelques passants attardés et rapides ou par les couples homme-chien en train de refaire d'un pas tranquille le tour du pâté de maisons. À part cela, rien : des fenêtres devenues aveugles, des rues abandonnées, des feux solitaires, rouges, puis verts, puis orange, puis rouges, comme une Venise où l'obscurité rampante, partout répandue, aurait remplacé l'eau de la lagune.

21 heures, toujours. Ailleurs, tout vit encore. Et le reste de la ville est livré aux fêtes diverses du loisir, pour le règne éphémère et chaque jour renaissant des plaisirs du soir : *on sort...* Restaurants, théâtres, cinémas sont les lieux usuels de ce rendez-vous, dans un cycle hebdomadaire qui culmine à l'approche du week-end et s'abaisse du dimanche au mardi, avant de remonter vers un nouveau week-end. Mais la pérennité des soirs vient d'abord de la lumière : lumière du trafic et de l'éclairage, lumière souvent scintillante des néons et des enseignes,

lumière surtout des illuminations de la ville. Il est temps, alors, de retrouver les façades, les dômes, tous les contours des monuments de Paris, présence irréelle et douce surgie dans le néant noir des espaces de la ville par la magie de quelques projecteurs. Lumière encore d'autres projecteurs, pour les jets d'eau du rond-point des Champs-Élysées, les rayons des phares au-dessus des toits, les fragments de quais arrachés à la nuit au passage de bateaux-mouche. Et puis le simple spectacle, fait de milliers de carrés lumineux des nouveaux buildings, des cités et des concentrations de H. L. M., disparus pour ne laisser que ces fascinants tableaux électriques un peu partout accrochés dans l'obscurité d'une immense galerie sous les étoiles.

Minuit. La nuit ne fait encore que prolonger le jour. Les Parisiens sont dehors, entre la sortie des cinémas et la fin des dîners, hésitant à passer de l'un à l'autre, prêts pour un dernier verre, déjà sur le chemin sage du retour après une bonne soirée entre amis. Les cars des touristes sont en plein travail : aux excursions « culturelles » de la journée succèdent à présent les circuits plus légers du *gay Paris*, avec les mêmes arrêts obligatoires, les mêmes défilés de groupes compacts, les mêmes stéréotypes. Mais les cabarets et les spectacles à plumes ont remplacé les musées et les palais. On dîne au Lido ou au Moulin-Rouge, on est aux Folies-Bergère, on va au Crazy Horse Saloon ou à la Nouvelle-Ève. Tout cela fait partie du forfait et n'est dans la nuit, dirait-on, que pour les commodités d'organisation du séjour. Dans ces quartiers à double vie que sont ainsi les Champs-Élysées, Montmartre, Montparnasse ou les Boulevards, l'animation est restée vive et dense, tous les cafés sont ouverts, tous les restaurants, les terrasses envahies, le stationnement impossible, la circulation ralentie comme aux plus belles heures du jour.

2 heures. La nuit gagne du terrain, celle de la petite mort du sommeil et des

Les grandes adresses du gay Paris, *où l'on retrouve dans la nuit, avec les variantes propres à chaque établissement, les nus frou-froutants des Folies-Bergère* (**CI-CONTRE, À GAUCHE**).

ténèbres oubliées : on ferme un peu partout. C'est l'heure où les garçons présentent les dernières additions et commencent à ranger les chaises. De nouvelles lumières s'éteignent et des quartiers entiers s'engloutissent, agrandissant le vaste cimetière quotidien. On a pu jusque-là prolonger encore les soirées normales, dîner après le spectacle, faire un tour dans une boîte, se livrer à quelques emplettes. Mais c'est fini : il n'y a plus de Champs-Élysées, plus de Montparnasse, plus de Saint-Germain, peu de Halles et même plus de Forum. Bientôt, il n'y a plus non plus de voitures, de circulation, de foule.

2 heures, toujours. Enfin la nuit. La vraie nuit, celle où ne se rencontrent que ceux qui ont décidé de vivre encore — et la ville est à eux, pour une simple présence dans la forêt urbaine, dans de rares locaux où l'on peut encore échapper à la mort, ultimes bastions voués aux alcools sans fard et aux fraternités spontanées, sous l'œil si amical de tenanciers endurcis. Dans le contexte actuel des rénovations sauvages de l'architecture parisienne, c'est le moment propice, et probablement le seul, aux grandes promenades à pied à travers toutes les rues, toutes les places, tous les coins et recoins de la ville qui, à cette heure, vous *appartient*. C'est le noctambule aujourd'hui qui est le véritable et le seul piéton de Paris. Chaque pierre alors retrouve son épaisseur, chaque immeuble son identité, chaque être sa chaleur humaine dans ce paysage de lune où brillent silencieusement les mille étoiles des réverbères...

5 heures. On n'abandonne pas de telles nuits. Et, quand, ayant bien marché, rêvé, bu aussi et tout rencontré, l'amitié superficielle, l'amour facile, la bagarre même et, toujours, ces interminables conversations de la nuit qui ne se nourrissent que des faux souvenirs de nos fantasmes — mais qu'est-ce d'autre que la vie ! —, quand donc approche la fin, seuls Montmartre et les Halles n'ont pas encore capitulé. C'est là qu'il faut dire adieu à la nuit, malgré cette présence de chiendent des mauvais bars et des mauvaises filles — mais sans eux ces derniers quartiers ne seraient-ils pas déjà des cimetières à l'égal des autres ?

La nuit s'en va et le jour vient à la surface, avec la première écume du métro qui fonctionne à nouveau (il est 5 h 30), la première animation des travailleurs matinaux qui réapparaissent, surgis on ne sait d'où, les premiers bruits de la circulation et, les premières teintes venant, dans le silence encore, déchirer le voile déjà léger de l'obscurité. C'est l'heure de la soupe à l'oignon, des premiers express, de la cigarette du matin...

Le jour se lève. Il est blanc. Comme au sommet d'un pic après les longues heures de l'escalade, il convient alors, de l'aurore à l'aube, d'attendre la résurrection du monde. Et où, mieux que du terreplein de l'Arc de Triomphe, assister à cette nouvelle naissance, miracle quotidien qui fait revenir à la vie, à la vue, cette pure perspective au bout de laquelle se recompose lentement la flèche unique d'un obélisque d'Égypte ?

∎

Place Pigalle.

Et le jour se couche à nouveau sur Notre-Dame de Paris...

142

Les grands lieux touristiques

Les musées et les galeries d'art

Les spectacles

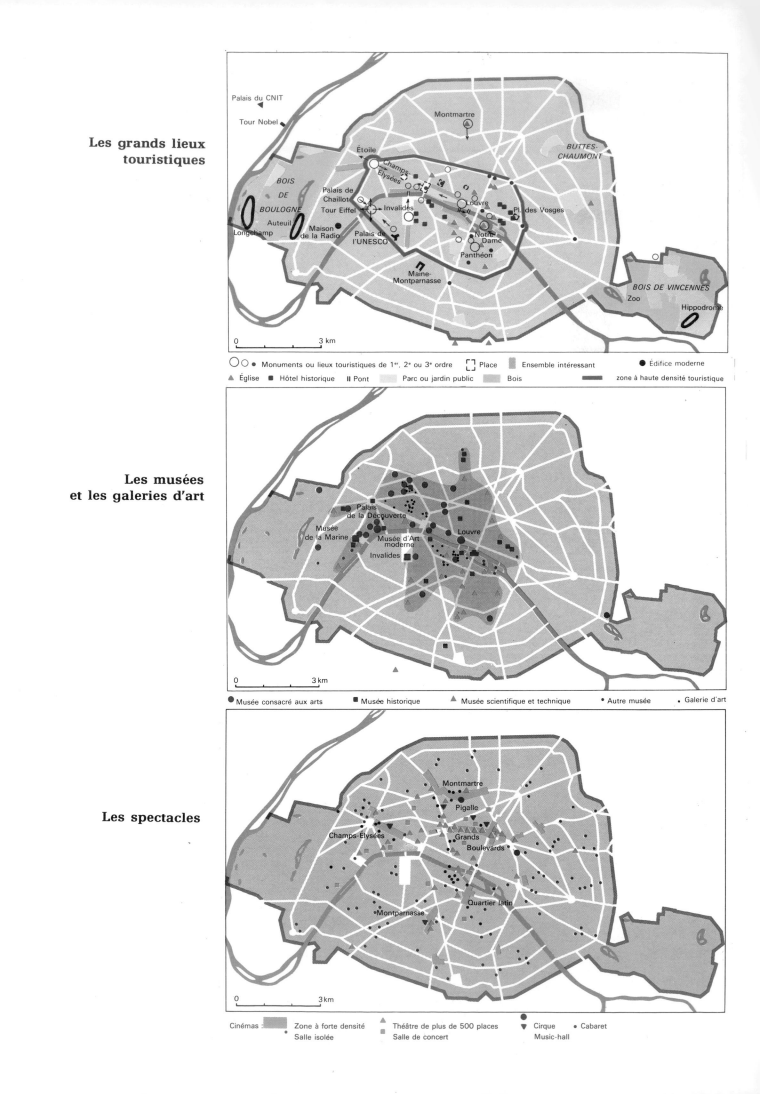

Palais du CNIT

Tour Nobel

Étoile

Montmartre

BUTTES-CHAUMONT

BOIS DE BOULOGNE

Champs Elysées

Palais de Chaillot
Tour Eiffel

Invalides

Louvre

Pl. des Vosges

Auteuil

Maison de la Radio

Palais de l'UNESCO

Notre-Dame

Longchamp

Panthéon

Maine-Montparnasse

BOIS DE VINCENNES

Zoo

Hippodrome

0   3 km

○ ○ ● Monuments ou lieux touristiques de 1er, 2e ou 3e ordre   ⬚ Place   Ensemble intéressant   ● Édifice moderne
▲ Église   ■ Hôtel historique   ‖ Pont   Parc ou jardin public   Bois   zone à haute densité touristique

Palais de la Découverte

Musée de la Marine

Musée d'Art moderne

Louvre

Invalides

0   3 km

● Musée consacré aux arts   ■ Musée historique   ▲ Musée scientifique et technique   • Autre musée   . Galerie d'art

Montmartre

Pigalle

Champs-Élysées

Grands Boulevards

Quartier latin

Montparnasse

0   3 km

Cinémas :   Zone à forte densité   ▲ Théâtre de plus de 500 places   ▼ Cirque   • Cabaret
              Salle isolée   ■ Salle de concert   Music-hall

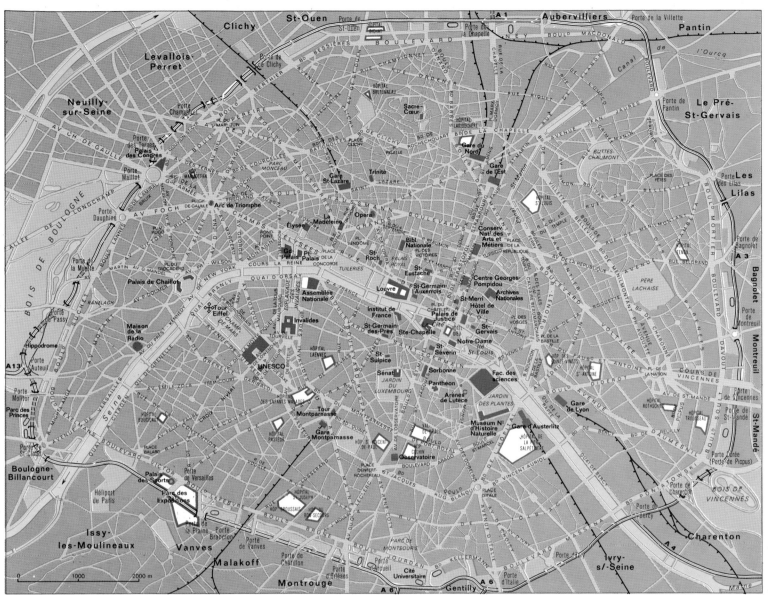

Plan général du Paris actuel

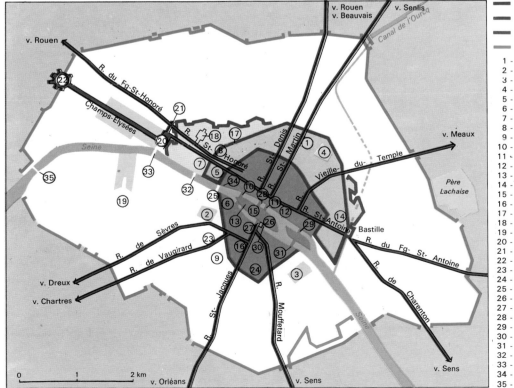

L'extension de Paris du XVIᵉ jusqu'au XIXᵉ siècle

Enceinte de Philippe Auguste
Enceinte de Charles V
Enceinte bastionnée
Enceinte des Fermiers-Généraux

1 - St-Martin-des-Champs
2 - St-Germain-des-Prés
3 - St-Victor
4 - Temple
5 - Louvre
6 - Monnaie
7 - Tuileries
8 - Palais-Royal
9 - Luxembourg
10 - Pont-Neuf
11 - Pont Notre-Dame
12 - Hôtel de Ville
13 - Place Dauphine
14 - Place des Vosges
15 - Palais de Justice
16 - Sorbonne
17 - Place des Victoires
18 - Place Vendôme
19 - Invalides
20 - Place de la Concorde
21 - Rue Royale
22 - Étoile
23 - St-Sulpice
24 - Panthéon
25 - Institut
26 - Notre-Dame
27 - Petit-Pont
28 - Pont-au-Change
29 - Pont-Marie
30 - Pont-au-Double
31 - Pont de la Tournelle
32 - Pont Royal
33 - Pont de la Concorde
34 - Pont des Arts
35 - Pont d'Iéna

Crédits photographiques

Pages 6 et 7, phot. : D. Barbier-Atlas Photo/Loucel-Fotogram. *Pages 8 et 9*, phot. : G. Champlong-Image Bank. *Pages 10 et 11*, phot. : L. Rousseau-Top/C. Rives-Cedri/L. Girard. *Pages 12 et 13*, phot. : F. Hidalgo-Top/A. Chambon-Vloo/O. Girard-Vandystadt. *Pages 14 et 15*, phot. : D. Barbier-Atlas Photo. *Pages 16 et 17*, phot. : R. Mazin-Top/J. Gabanou-Diaf. *Pages 18 et 19*, phot. : C. Sappa-Cedri/B. Hermann-Gamma/H. Gyssels-Diaf. *Pages 20 et 21*, phot. : R. Mazin-Top. *Pages 22 et 23*, phot. : L. Freed-Magnum/R. Mazin-Top/M. Folco-Gamma. *Pages 24 et 25*, phot. : R. Mazin-Top/E. Berne-Fotogram. *Pages 26 et 27*, phot. : S. Marmounier-Cedri. *Pages 28 et 29*, phot. : Rousseau-Top/ E. Erwitt-Magnum. *Pages 30 et 31*, phot. : B. Glinn-Magnum/C. Rives-Cedri. *Pages 32 et 33*, phot. : S. Marmounier-Cedri/ B. Hermann-Gamma. *Pages 34 et 35*, phot. : F. Mayer-Magnum. *Pages 36 et 37*, phot. : B. Hermann-Gamma/R. Mazin-Top/A. Edgeworth-Image Bank. *Pages 38 et 39*, phot. : R. Mazin-Top/J. Y. Ruszniewski-Vandystadt/Revault-Pix. *Pages 40 et 41*, phot. : E. Berne-Fotogram/G. Boutin-Pictor Int./J.-P. Tesson-Vloo/O. Garros-Fotogram. *Pages 42 et 43*, phot. : J. Pavloski-Rapho/D. Barbier-Atlas Photo. *Pages 44 et 45*, phot. : R. Mazin-Top/J.-M. Loubat-Vandystadt/J.-C. Pinheira-Top. *Pages 46 et 47*, phot. : J.-M. Loubat-Vandystadt. *Pages 48 et 49*, phot. : F. Bouillot-Marco Polo/R. Mazin-Top/L. Rousseau-Top. *Pages 50 et 51*, phot. : F. Bouillot-Marco-Polo. *Pages 52 et 53*, phot. : M. Riboud-Magnum/Loucel-Fotogram/J. Mounicq-Fotogram. *Pages 54 et 55*, phot. : L. Freed-Magnum/O. Garros-Fotogram. *Pages 56 et 57*, phot. : J.-P. Tesson-Vloo/X. Richer-Fotogram/L. Girard. *Pages 58 et 59*, phot. : Hermann-Gamma/Revault-Pix/F. Jalain-Top/Hermann-Gamma. *Pages 60 et 61*, phot. : J. Gaumy-Magnum/J.-C. Pinheira-Top. *Pages 62 et 63*, phot. : Revault-Pix/Hermann-Gamma/J.-C. Pinheira-Top. *Pages 64 et 65*, phot. : G. Boutin-Atlas-Photo. *Pages 66 et 67*, phot. : L. Rousseau-Top/L. Rousseau-Top/E. Berne-Fotogram. *Pages 68 et 69*, phot. : R. Mazin-Top. *Pages 70 et 71*, phot. : R. Mazin-Top/J.-Y. Ruszniewski-Vandystadt/R. Mazin-Top. *Pages 72 et 73*, phot. : R. Mazin-Top/D. Barbier-Atlas Photo. *Pages 74 et 75*, phot. : R. Mazin-Top. *Pages 76 et 77*, phot. : D. Stock-Magnum/J.-C. Pinheira-Top. *Pages 78 et 79*, phot. : R. Mazin-Top. *Pages 80 et 81*, phot. : B. Glinn-Magnum/L. Girard/J.-C. Pinheira-Top/G. Boutin-Pictor Int. *Pages 82 et 83*, phot. : C. Sappa-Cedri/R. Mazin-Top. *Pages 84 et 85*, phot. : L. Girard. *Pages 86 et 87*, phot. : J. Gabanou-Pictor Int./E. Lessing-Magnum. *Pages 88 et 89*, phot. : Lawson-Rapho/J. Wehrlin-Fotogram. *Pages 90 et 91*, phot. : B. Barbey-Magnum/Loucel-Fotogram/J. Ph. Charbonnier-Top. *Pages 92 et 93*, phot. : L. Rousseau-Top. *Pages 94 et 95*, phot. : Boeno-Pix/ R. Mazin-Top/Hermann-Gamma. *Pages 96 et 97*, phot. : F. Jalain-Top/L. Girard. *Pages 98 et 99*, phot. : J. Brinon-Gamma/F. Jalain-Top/J. Cochin-Vandystadt. *Pages 100 et 101*, phot. : J. Gabanou-Pictor Int./D. Burnett-Contact. *Pages 102 et 103*, phot. : G. Champlong-Image Bank. *Pages 104 et 105*, phot. P. Boulat-Cosmos/R. Mazin-Top/B. Glinn-Magnum/D. Czap-Top. *Pages 106 et 107*, phot. A. Froissardey-Atlas-Photo/R. Mazin-Top. *Pages 108 et 109*, phot. : G. Boutin-Explorer. *Pages 110 et 11*, phot. : R. Mazin-Top/Méry-Vloo/F. Bouillot-Marco Polo. *Pages 112 et 113*, phot. : L. Girard/L. Rousseau-Top. *Pages 114 et 115*, phot. : Chemin-Pitch/Larousse. *Pages 116 et 117*, phot. : Hermann-Gamma/F. Bouillot-Marco Polo. *Pages 118 et 119*, phot. : D. Burnett-Contact/J.-C. Meignan-Diaf/Larousse. *Pages 120 et 121*, phot. : Larousse/-J.-Y. Rusniewski-Vandystadt. *Pages 122 et 123*, phot. : P. Kérébel-Diaf/E. Berne-Fotogram. *Pages 124 et 125*, phot. : F. Hidalgo-Top. *Pages 126 et 127*, phot. : E. Berne-Fotogram/Hermann-Gamma. *Pages 128 et 129*, phot. : O. Garros-Fotogram/E. Berne-Fotogram. *Pages 130 et 131*, phot. : B. Glinn-Magnum/C. Sappa-Cedri/B. Barbey-Magnum. *Pages 132 et 133*, phot. : M. Cabaud-Fotogram/Hermann-Gamma/Hermann-Gamma. *Pages 134 et 135*, phot. : L. Freed-Magnum/J.-P. Bozellec-Vloo/F. Jalain-Top. *Pages 136 et 137*, phot. : D. Barbier-Atlas-Photo. *Pages 138 et 139*, phot. : E. Boubat-Top/I. Berry-Magnum/H. Chapman-Fotogram. *Pages 140 et 141*, phot. : F. Mayer-Magnum/R. Mazin-Top.

Les cartes nos 1, 2, 3 et 5 sont des cartes originales de Roger Brunet.

Imprimerie CLERC, St-Amand et Reliure BRUN, Malesherbes. - N° de série Éditeur 15272 - 523101 G - Août 1989
IMPRIMÉ EN FRANCE *(Printed in France)*.